JN098649

CERTIFIED
ADMINISTRATIVE
PROCEDURES LEGAL
SPECIALIST

行政書士実務セミナー

建設業許可 編

行政書士法人名南経営

大野裕次郎・寺嶋紫乃・片岡詩織

著

中央経済社

は　じ　め　に

　本書は2022年6月に出版された『行政書士実務セミナー〈専門分野選択編〉』
の続編にあたる書籍です。〈専門分野選択編〉は，行政書士を目指す方や新人
行政書士の方を主な対象として，行政書士業務における専門分野選択の参考と
なることを目指して書いた書籍でしたが，本書は専門分野を決めた方や，新た
な分野にチャレンジする方など，その分野における初任者の方を対象として，
実務における疑問点を解消するための書籍となります。まずはシリーズ第1弾
として建設業許可を取り上げます。

　〈専門分野選択編〉でも取り上げました建設業許可や産業廃棄物収集運搬業
許可，一般貨物自動車運送事業経営許可，風俗営業許可などの営業に必要とな
る許認可（営業系許認可とします）で，実務上まず押さえるべき点は，許認可
の要件です。許認可の業務は，お客様が要件を充足していることが前提となる
（充足していなければ仕事にならない）ため，要件をしっかりと理解しておく
必要があります。

　営業系許認可の要件は「ヒト」「モノ」「カネ」の3つに大別されます。建設
業許可は要件のうち，特に「ヒト」に関する要件が複雑で，条件と証拠書類を
きちんと整理して理解することが難しく，初任者の方にとっては，とっつきに
くい分野だと思います。逆にいえば，お客様に対して，要件の説明や必要書類
の案内が的確にできるなど，建設業許可の実務の基礎を備えることができれば，
どのような営業系許認可についても，ある程度の相談対応ができるようになる
はずです。

　本書は，建設業許可の初任者の方に最低限の基礎知識をつけていただくこと
を目的としています。行政書士法人名南経営に所属する行政書士（新人行政書
士も含め）が，新人行政書士の頃の気持ちに立ち返り，建設業許可申請を受任
した初任者の方が疑問に感じられるであろう事項をQ&A形式でまとめ，初任
者の方でもわかりやすい表現にすることを心掛けました。本書の内容は，建設

業許可の手続きの中でも，新規申請の対応をベースに執筆しております。

　本書のご活用にあたっては，本書のみで理解するのではなく，国土交通省の
マニュアルやガイドライン，各都道府県の建設業許可の手引きなどと合わせて
いただくと，さらに理解が深まると考えております。また，Q&Aごとに，根
拠条文等を記載しておりますので，より深く学びたいという方は，ぜひ建設業
法などの条文をあたってください。専門家として成長するために，根拠法令を
理解することは非常に大事なことです。

　本書をきっかけに，われわれと同じように建設業許可を専門とする新人行政
書士の方が少しでも増えましたら，この上ない喜びです。

2023年8月

行政書士法人名南経営

大野裕次郎

目　　次

| CHAPTER 3 | 申請書類の作成 | 93 |

Q1

「建設業許可」を専門にしたいと考えていますが、「建設業」とは何でしょうか？

A 建設業法では、「元請、下請その他いかなる名義をもつてするかを問わず、建設工事の完成を請け負う営業をいう」とされています。

　建設業は下表の29種類に分かれており、建設工事の種類もこの29種類です。本書で解説する建設業許可も、この29種類ごとに許可を受ける必要があります。

●建設業の種類（業種）

1 土木工事業	2 建築工事業	3 大工工事業	4 左官工事業	5 とび・土工工事業	6 石工事業
7 屋根工事業	8 電気工事業	9 管工事業	10 タイル・れんが・ブロック工事業	11 鋼構造物工事業	12 鉄筋工事業
13 舗装工事業	14 しゅんせつ工事業	15 板金工事業	16 ガラス工事業	17 塗装工事業	18 防水工事業
19 内装仕上工事業	20 機械器具設置工事業	21 熱絶縁工事業	22 電気通信工事業	23 造園工事業	24 さく井工事業
25 建具工事業	26 水道施設工事業	27 消防施設工事業	28 清掃施設工事業	29 解体工事業	

　建設業は、建設工事の完成を請け負う営業をいうため、民法上の「請負契約」に該当します。請負契約と同様に他人の役務が利用される契約類型として「委任契約」や「雇用契約」がありますが、委任契約や雇用契約のように完成を目的としていない契約については、建設工事の完成を請け負う営業（建設業）とはなりませんので注意が必要です。

　建設工事に該当しないものの例として次のようなものが挙げられます。いずれも建設工事の完成を目的としているものではありません。

保守点検／維持管理／草刈り／除雪／資材の運搬／地質調査／樹木の剪定／清掃
／物品販売／建売住宅の販売　等

　なお，契約書のタイトルを「委託」などのタイトルとしても，報酬を得て建
設工事の完成を目的として締結する契約は，建設工事の請負契約とみなされ，
建設業法の規定が適用されます。

　　　　　　　<関連条文等>　　⚫建設業法第 2 条（定義）
　　　　　　　　　　　　　　　⚫建設業法第24条（請負契約とみなす場合）
　　　　　　　　　　　　　　　⚫民法第632条（請負）

Q2

どんなときに建設業許可が必要ですか？　建設業許可が
不要な工事はありますか？

A 　軽微な建設工事のみを請け負うことを営業する場合を除き，建設業
を営もうとする場合は，建設業許可が必要です。

軽微な建設工事とは，下表の工事に該当する工事をいいます。

●軽微な建設工事

建設工事の種類	軽微な建設工事
建築一式工事	次のいずれかに該当する工事 ①工事1件の請負代金の額が1,500万円（税込）未満の工事 ②請負代金の額に関わらず，延べ面積が150㎡未満の木造住宅を建設する工事
建築一式工事以外の工事	工事1件の請負代金の額が500万円（税込）未満の工事

　「建築一式工事」と「建築一式工事以外の工事」で，軽微な建設工事に該当する工事が異なりますが，基本的には「1件でも税込で500万円以上の建設工事を請け負う場合には建設業許可が必要」と覚えておくとよいでしょう。

　「500万円未満になるように契約書を分割したらよいのでは？」と考える方がいらっしゃいますが，建設工事の完成を2以上の契約に分割して請け負うときは，原則として各契約の請負代金の額の合計額で，軽微な建設工事に該当するか否かを判断しますので，軽微な建設工事になるように契約書を分割したとしても，建設業許可が不要となるわけではありません。

　また，注文者（発注者や元請負人）が請負人（元請負人や下請負人）に対して材料を提供する場合は，その市場価格または市場価格および運送賃を請負代

4

金の額に加えた金額で，軽微な建設工事に該当するか否かを判断することになりますので注意が必要です。

<関連条文等> ◉建設業法第3条（建設業の許可）
◉建設業法施行令第1条の2
（法第3条第1項ただし書の軽微な建設工事）

Q3

建設業許可を取得するメリット・デメリットは何ですか？

A 最大のメリットは，軽微な建設工事を超える建設工事を請け負うことができること，代表的なデメリットは，建設業法の各種規定が適用されてしまうこと，です。

建設業許可取得のメリット・デメリットを下表にまとめます。

● **建設業許可を取得するメリット・デメリット**

メリット	デメリット
①軽微な建設工事を超える建設工事を請け負うことができる ②社会的信用力が高まる ③公共工事の入札参加ができるようになる	①建設業法の各種規定が適用される ●建設工事の見積り ●一括下請負の禁止 ●主任技術者および監理技術者の設置 ●建設業許可の各種手続き　等 ②建設業許可申請書類等が閲覧に供される

■ メリット①　「軽微な建設工事を超える建設工事を請け負うことができる」

建設業許可がない状態では，軽微な建設工事を超える金額の建設工事を請け負うことができません。そのため，軽微な建設工事を超える建設工事を請け負うことができること，が建設業許可を取得する最大のメリットとなります。

■ メリット②　「社会的信用力が高まる」

建設業許可の制度は，「ヒト」「モノ」「カネ」といった一定の要件を満たした場合に，国土交通大臣や都道府県知事から許可が与えられる仕組みとなっています。そのため，許可を取得しているというだけで，一定の要件をクリアし

ていることがわかるため，社会的信用が得られることになります。

■ メリット③ 「公共工事の入札参加ができるようになる」

公共工事の入札参加には「経営事項審査申請」や「入札参加資格申請」が必要となりますが，それらの手続きは，建設業許可の取得を前提としています。建設業許可の取得だけで公共工事の入札参加ができるようになるわけではありませんが，建設業許可取得が，公共工事の入札参加への第一歩となります。

■ デメリット① 「建設業法の各種規定が適用される」

建設業法で，「建設業者」とは，建設業許可を受けて建設業を営む者をいいますが，建設業法の規定には，その主語が「建設業者」となっているものがあります。つまり，建設業許可を取得することによって適用される各種規定が存在するということです。これが建設業許可を取得するうえでの代表的なデメリットです。

■ デメリット② 「建設業許可申請書類等が閲覧に供される」

建設業許可を取得すると，建設業許可の申請書類や届出書類が公衆の閲覧に供されることになります。つまり，建設業者の申請書類や届出書類が誰でも閲覧することができる状態に置かれる，ということです。そのため，建設業許可を取得すると，同業他社に実績や売上が知られてしまったり，さまざまな営業の電話等が来ることがあります。

<関連条文等> ● 建設業法第2条（定義）
　　　　　　　● 建設業法第3条（建設業の許可）
　　　　　　　● 建設業法施行令第1条の2
　　　　　　　　（法第3条第1項ただし書の軽微な建設工事）
　　　　　　　● 建設業法第13条（提出書類の閲覧）
　　　　　　　● 建設業法施行令第5条（閲覧所）

建設業許可の業種とは何ですか？

A 建設業許可は業種ごとに受ける必要があるとされ，一式工事と呼ばれる2種類の工事と，専門工事と呼ばれる27種類の工事の合計29種類に分類されています。

Q1でも解説したとおり，建設工事は29種類に分かれており，建設業許可の業種もこの29種類に分類されます。それぞれの工事の内容は下表のとおりです。

●建設業許可の業種区分

	建設工事の種類 （建設業法別表）	建設業の業種 （建設業法別表）	建設工事の内容 （昭和47年3月8日告示第350号）	建設工事の例示 （昭和47年3月8日建設省計建発第46号）
1	土木一式工事	土木工事業	総合的な企画，指導，調整のもとに土木工作物を建設する工事（補修，改造又は解体する工事を含む。以下同じ。）	
2	建築一式工事	建築工事業	総合的な企画，指導，調整のもとに建築物を建設する工事	
3	大工工事	大工工事業	木材の加工又は取付けにより工作物を築造し，又は工作物に木製設備を取付ける工事	大工工事，型枠工事，造作工事
4	左官工事	左官工事業	工作物に壁土，モルタル，漆くい，プラスター，繊維等をこて塗り，吹付け，又ははり付ける工事	左官工事，モルタル工事，モルタル防水工事，吹付け工事，とぎ出し工事，洗い出し工事
5	とび・土工・コンクリート工事	とび・土工工事業	イ．足場の組立て，機械器具・建設資材等の重量物のクレーン等による運搬配置，鉄骨等の組立てを行う工事 ロ．くい打ち，くい抜き及び場所打ぐいを行う工事 ハ．土砂等の掘削，盛上げ，締固め等を行う工事 ニ．コンクリートにより工作物を築造する工事 ホ．その他基礎的ないしは準備的工事	イ．とび工事，ひき工事，足場等仮設工事，重量物のクレーン等による揚重運搬配置工事，鉄骨組立て工事，コンクリートブロック据付け工事 ロ．くい工事，くい打工事，くい抜き工事，場所打ぐい工事 ハ．土工事，掘削工事，根切り工事，発破工事，盛土工事 ニ．コンクリート工事，コンクリート打設工事，コンクリート圧送工事，プレストレストコンクリート工事 ホ．地すべり防止工事，地盤改良工事，ボーリンググラウト工事，土留め工事，仮締切り工事，吹付け工事，法面保護工事，道路付属物設置工事，屋外広告物設置工事，捨石工事，外構工事，はつり工事，切断穿孔工事，アンカー工事，あと施工アンカー工事，潜水工事
6	石工事	石工事業	石材（石材に類似のコンクリートブロック及び擬石を含む。）の加工又は積方により工作物を築造し，又は工作物に石材を取付ける工事	石積み（張り）工事，コンクリートブロック積み（張り）工事

7	屋根工事	屋根工事業	瓦, スレート, 金属薄板等により屋根をふく工事	屋根ふき工事
8	電気工事	電気工事業	発電設備, 変電設備, 送配電設備, 構内電気設備等を設置する工事	発電設備工事, 送配電線工事, 引込線工事, 変電設備工事, 構内電気設備（非常用電気設備含む。）工事, 照明設備工事, 電車線工事, 信号設備工事, ネオン装置工事
9	管工事	管工事業	冷暖房, 冷凍冷蔵, 空気調和, 給排水, 衛生等のための設備を設置し, 又は金属製等の管を使用して水, 油, ガス, 水蒸気等を送配するための設備を設置する工事	冷暖房設備工事, 冷凍冷蔵設備工事, 空気調和設備工事, 給排水・給湯設備工事, 厨房設備工事, 衛生設備工事, 浄化槽工事, 水洗便所設備工事, ガス管配管工事, ダクト工事, 管内更正工事
10	タイル・れんが・ブロック工事	タイル・れんが・ブロック工事業	れんが, コンクリートブロック等により工作物を築造し, 又は工作物にれんが, コンクリートブロック, タイル等を取付け, 又ははり付ける工事	コンクリートブロック積み(張り)工事, レンガ積み(張り)工事, タイル張り工事, 築炉工事, スレート張り工事, サイディング工事
11	鋼構造物工事	鋼構造物工事業	形鋼, 鋼板等の鋼材の加工又は組立てにより工作物を築造する工事	鉄骨工事, 橋梁工事, 鉄塔工事, 石油, ガス等の貯蔵用タンク設置工事, 屋外広告工事, 閘門, 水門等の門扉設置工事
12	鉄筋工事	鉄筋工事業	棒鋼等の鋼材を加工し, 接合し, 又は組立てる工事	鉄筋加工組立て工事, 鉄筋継手工事
13	舗装工事	舗装工事業	道路等の地盤面をアスファルト, コンクリート, 砂, 砂利, 砕石等により舗装する工事	アスファルト舗装工事, コンクリート舗装工事, ブロック舗装工事, 路盤築造工事
14	しゅんせつ工事	しゅんせつ工事業	河川, 港湾等の水底をしゅんせつする工事	しゅんせつ工事
15	板金工事	板金工事業	金属薄板等を加工して工作物に取付け, 又は工作物に金属製等の付属物を取付ける工事	板金加工取付け工事, 建築板金工事
16	ガラス工事	ガラス工事業	工作物にガラスを加工して取付ける工事	ガラス加工取付け工事
17	塗装工事	塗装工事業	塗料, 塗材等を工作物に吹付け, 塗付け, 又ははり付ける工事	塗装工事, 溶射工事, ライニング工事, 布張り仕上工事, 鋼構造物塗装工事, 路面標示工事
18	防水工事	防水工事業	アスファルト, モルタル, シーリング材等によって防水を行う工事	アスファルト防水工事, モルタル防水工事, シーリング工事, 塗膜防水工事, シート防水工事, 注入防水工事
19	内装仕上工事	内装仕上工事業	木材, 石膏ボード, 吸音板, 壁紙, たたみ, ビニール床タイル, カーペット, ふすま等を用いて建築物の内装仕上げを行う工事	インテリア工事, 天井仕上工事, 壁張り工事, 内装間仕切工事, 床仕上工事, たたみ工事, ふすま工事, 家具工事, 防音工事
20	機械器具設置工事	機械器具設置工事業	機械器具の組立て等により工作物を建設し, 又は工作物に機械器具を取付ける工事	プラント設備工事, 運搬機器設置工事, 内燃力発電設備工事, 集塵機器設置工事, 給排気機器設置工事, 揚排水機器設置工事, ダム用仮設備工事, 遊戯施設設置工事, 舞台装置設置工事, サイロ設置工事, 立体駐車設備工事
21	熱絶縁工事	熱絶縁工事業	工作物又は工作物の設備を熱絶縁する工事	冷暖房設備, 冷凍冷蔵設備, 動力設備又は燃料工業, 化学工業等の設備の熱絶縁工事, ウレタン吹付け断熱工事
22	電気通信工事	電気通信工事業	有線電気通信設備, 無線電気通信設備, ネットワーク設備, 情報設備, 放送機械設備等の電気通信設備を設置する工事	有線電気通信設備工事, 無線電気通信設備工事, データ通信設備工事, 情報処理設備工事, 情報収集設備工事, 情報表示設備工事, 放送機械設備工事, TV電波障害防除設備工事
23	造園工事	造園工事業	整地, 樹木の植栽, 景石のすえ付け等により庭園, 公園, 緑地等の苑地を築造し, 道路, 建築物の屋上等を緑化し, 又は植生を復元する工事	植栽工事, 地被工事, 景石工事, 地ごしらえ工事, 公園設備工事, 広場工事, 園路工事, 水景工事, 屋上等緑化工事, 緑地育成工事

24	さく井工事	さく井工事業	さく井機械等を用いてさく孔, さく井を行う工事又はこれらの工事に伴う揚水設備設置等を行う工事	さく井工事, 観測井工事, 還元井工事, 温泉掘削工事, 井戸築造工事, さく孔工事, 石油掘削工事, 天然ガス掘削工事, 揚水設備工事
25	建具工事	建具工事業	工作物に木製又は金属製の建具等を取付ける工事	金属製建具取付け工事, サッシ取付け工事, 金属製カーテンウォール取付け工事, シャッター取付け工事, 自動ドアー取付け工事, 木製建具取付け工事, ふすま工事
26	水道施設工事	水道施設工事業	上水道, 工業用水道などのための取水, 浄水, 配水等の施設を築造する工事又は公共下水道若しくは流域下水道の処理設備を設置する工事	取水施設工事, 浄水施設工事, 配水施設工事, 下水処理設備工事
27	消防施設工事	消防施設工事業	火災警報設備, 消火設備, 避難設備若しくは消火活動に必要な設備を設置し, 又は工作物に取付ける工事	屋内消火栓設置工事, スプリンクラー設置工事, 水噴霧, 泡, 不燃ガス, 蒸発性液体又は粉末による消火設備工事, 屋外消火栓設置工事, 動力消防ポンプ設置工事, 火災報知設備工事, 漏電火災警報器設置工事, 非常警報設備工事, 金属製避難はしご, 救助袋, 緩降機, 避難橋又は排煙設備の設置工事
28	清掃施設工事	清掃施設工事業	し尿処理施設又はごみ処理施設を設置する工事	ごみ処理施設工事, し尿処理施設工事
29	解体工事	解体工事業	工作物の解体を行う工事	工作物解体工事

【出典：国土交通省中部地方整備局「建設業法に基づく適正な施工の確保に向けて」
（https://www.cbr.mlit.go.jp/kensei/info/qa/pdf/R0501/R0501_000_
tekiseinasekounokakuho.pdf）】

　「土木一式工事」「建築一式工事」が一式工事で，その他の27種類は専門工事と呼ばれています。業種ごとに建設業許可を受ける必要があるため，行政書士としては29種類がそれぞれどのような工事内容であるかを把握しておく必要があります。

　　　　＜関連条文等＞　　● 建設業法第3条（建設業の許可）
　　　　　　　　　　　　　● 建設業法別表第一（第2条，第3条，第40条関係）
　　　　　　　　　　　　　● 建設業許可事務ガイドライン【第2条関係】
　　　　　　　　　　　　　● 建設業許可事務ガイドライン別表

Q5

「土木一式工事」「建築一式工事」の許可があれば，どんな工事でも請け負うことができますか？

A 「土木一式工事」「建築一式工事」の許可があったとしても，それぞれの専門工事については請け負うことができません。一式工事＝オールマイティという意味ではありません。

「建設業法第二条第一項の別表の上欄に掲げる建設工事の内容を定める告示」（昭和47年建設省告示第350号）では，土木一式工事の内容について「総合的な企画，指導，調整のもとに土木工作物を建設する工事（補修，改造又は解体する工事を含む。以下同じ。）」としており，建築一式工事の内容について「総合的な企画，指導，調整のもとに建築物を建設する工事」としています。いずれも，総合的な企画，指導，調整のもとに建設する工事であることがポイントです。

長崎県の建設業許可の手引きは，一式工事の考え方について解説されており，他の許可行政庁よりもわかりやすい解説になっていると思われますので，引用してご紹介します。

一式工事とは，原則として元請の立場で，総合的な企画，指導，調整のもとに土木建築物を建設する工事（補修，改造又は解体する工事を含む。）であり，次のいずれかの要件を満たす建設工事（原則元請工事）が該当しますが，具体的には工事の施工内容により個別に判断する必要があります。
①工事の規模，複雑性等からみて総合的な企画，指導及び調整を必要とし，個別の専門的な工事として施工することが困難であると認められる建設工事
　　※大規模又は複雑な工事であること。（以下同じ。）
　　※工事の規模，複雑性からみて1専門工事で施工困難な工事も含まれる。
②2つ以上の専門工事を有機的に組み合わせて，社会通念上独立の使用目的がある土木工作物又は建築物を建設する工事

【出典：長崎県「建設業許可申請の手引き」(https://www.pref.nagasaki.jp/shared/uploads/2022/08/1659588473.pdf)】

　まとめると，次の2つの要件を満たす建設工事であるということになります。

（1）原則として元請の立場であること
（2）次のいずれかの建設工事であること
　　①工事の規模，複雑性等からみて総合的な企画，指導および調整を必要とし，個別の専門的な工事として施工することが困難であると認められる建設工事
　　②2つ以上の専門工事を有機的に組み合わせて，社会通念上独立の使用目的がある土木工作物または建築物を建設する工事

　ここまでの説明で一式工事がどのような工事であるかはおわかりいただけたと思いますが，具体的にどのような工事が一式工事に該当するかの判断は難しいと思います。長崎県の「建設業許可申請の手引き」に一式工事の具体例も記載されていますので，ご紹介します。

●**一式工事の具体例**（※施工内容によっては，専門工事に該当する場合もあります。）

土木一式工事	道路工事，橋梁工事，河川工事・海岸工事，トンネル工事，ダム工事，大規模な宅地造成工事（とび・土工で施工困難な工事）など ●プレストレストコンクリート工事，下水道工事（公道下等の下水道の配管工事），下水処理場自体の敷地造成工事，農業用水道，かんがい用排水施設等の建設工事 ［建設業許可事務ガイドライン］ ※下請工事は原則専門工事となる。
建築一式工事	次のいずれかに該当するものが建築一式工事と判断されます。 ●複数の専門工事（大工工事，屋根工事，とび・土工工事，建具工事，電気工事，内装仕上工事，塗装工事，管工事など）を有機的に組み合わせた1つの建築工事 　住宅等の新築工事・増改築工事，ビル等大規模な建築物の解体工事，マンションの大規模修繕（補修），ビルの外壁に固定された避難階段を設置する工事など。

	◉建物の躯体（柱，梁などの建物本体の構造を支える部分）に変更を加える改造工事
	耐震補強工事，大規模な模様替など
	※「大規模又は複雑な工事」の観点から，一般的に建築確認申請の対象となるような工事が建築一式工事に該当する。
	※一般的な住宅リフォーム工事は，通常内装仕上工事が主たる工事と認められるケースが多く，この場合は原則として専門工事と判断されるが，増改築を伴う大規模・複雑な場合は，建築一式工事に該当する。

【出典：長崎県「建設業許可申請の手引き」(https://www.pref.nagasaki.jp/shared/uploads/2022/08/1659588473.pdf)】

　長崎県の手引きでは「一般的に建築確認申請の対象となるような工事が建築一式工事に該当する。」と記載されています。東京都でも同じ考え方が取られていますが，建設工事の内容については，許可行政庁により判断が異なる場合がありますので注意が必要です。

　　　＜関連条文等＞　◉建設業法第二条第一項の別表の上欄に掲げる建設工事の
　　　　　　　　　　　　　内容を定める告示（昭和47年建設省告示第350号）
　　　　　　　　　　　◉建設業法第３条（建設業の許可）
　　　　　　　　　　　◉建設業法別表第一（第２条，第３条，第40条関係）
　　　　　　　　　　　◉建設業許可事務ガイドライン【第２条関係】
　　　　　　　　　　　◉建設業許可事務ガイドライン別表

Q6

建設業許可の新規申請業務をはじめて受託しました。どのような手順で進めていけばよいでしょうか？

A どの許認可でもそうですが，要件を満たしていなければ，許認可を取得することができません。受託したのに「許可が取れなかった（申請ができなかった）」ということがないように，建設業許可の新規申請業務においては，要件確認に重点を置いて進めるとよいでしょう。

お客様からの最初の問合せから，建設業許可申請書類の提出まで，行政書士の対応を図にすると，概ね下図のような手順になると思われます。

● **建設業許可の新規申請業務の手順**

「要件確認に重点を置くとよい」とお伝えしましたが，具体的なタイミングとしては，「①問合せ対応」もしくは「②面談」において簡易的な要件確認を行い，「⑥資料収集・申請書類作成」の段階で確認資料を用いて，最終的な要件確認を行うことになります。

● **要件確認を行うタイミング**

簡易的な要件確認とは，口頭ベースもしくは，お客様がすぐに用意できる資料をもとにした要件確認をイメージしており，明らかに要件を満たさないお客様からの依頼を受託しないことを目的としたものです。例えば，電話での問合せ段階でヒアリングを行い，明らかに要件を満たさないのであれば，その旨をお伝えし面談には移行させず，要件を満たす可能性がありそうであれば面談に移行させることになります。このタイミングでは，できれば「申請に必要となる確認資料等が揃う可能性があるか？」ということも確認しておくとよいでしょう。

　最終的な要件確認とは，許可行政庁に提出する確認資料等をもって，要件を満たすことを確認することです。許認可業務は書面での審査をクリアしなければなりませんので，資料によって要件を証明することができるか，最終的な確認をします。このタイミングで資料が揃わない場合，業務を中止するということは基本的にはなく，資料が揃わない場合は，要件を証明できる他の資料がないか？　ということを検討することになります。

　まずは簡易的な要件確認の精度を高め，最初の段階で，許可の可能性の高い案件のみを受託することができるようになることを目指します（残念ながら要件を満たさず，受託に至らなかったお客様に対しては継続的なフォローをしていきましょう）。資料収集など動いてみなければ判断できないというケースでは，着手金や調査料等をいただいて対応をするのがよいでしょう。

<関連条文等>　なし

Q7

お客様とのはじめての面談にあたり，準備をしておいた
方がよいことはありますか？

A 面談前には，できる範囲でお客様の情報を調べましょう。また，建設業許可制度の説明や建設業許可の要件のヒアリングをしなければなりませんので，説明用資料やヒアリングシートを準備しておくとよいでしょう。

お客様の情報については，お客様のホームページなどを見て調べます。建設業許可新規申請の場合は，建設業許可申請の内容に関わってくる「業務内容」や「営業所」などをチェックしておくとよいでしょう。もともと軽微な建設工事の範囲内で建設業を営んでいるお客様の場合，「業務内容」から，必要と考えられる建設業許可の業種をある程度，事前に想定することができます。また，どこに「営業所」があるかをチェックすることで，都道府県知事許可がよいか，国土交通大臣許可がよいかについても検討することができます。お客様の情報を事前に得ておくことで，面談時の会話のネタにもなりますので，面談前には必須の手順となります。

Q6で解説しましたが，面談時には，簡易的な要件確認を行うことになります。建設業許可制度に関する説明資料として，国土交通省地方整備局や都道府県の建設業許可申請の手引，お手製の説明資料を用意しておきましょう。特に，初めて建設業許可業務を取り扱う場合は，オリジナルの説明資料を作ることで建設業許可に関する知識を定着させることができますのでおすすめです。

●行政書士法人名南経営の「建設業許可申請ハンドブック」

　これらの説明資料を用いながらお客様に建設業許可制度や建設業許可の要件を説明しながら，要件についてヒアリングしていくことになります。ヒアリングにおいては，説明資料に直接書き込んでいく方法でもよいですし，お手製のヒアリングシートを用意しておくと，確認漏れがなくなるため安心です。

<関連条文等>　なし

Q8

お客様が建設業許可を持っているかどうかを調べる方法はありますか？

A 建設業許可業者（建設業者）は，国土交通省の「建設業者・宅建業者等企業情報検索システム（https://etsuran.mlit.go.jp/TAKKEN/）」で簡単に検索することができます。

「建設業者・宅建業者等企業情報検索システム」の建設業者検索ページ（https://etsuran.mlit.go.jp/TAKKEN/kensetuKensaku.do?outPutKbn=1）で，「商号又は名称」や「許可番号」から検索をすることができます。

すべての建設業者が検索対象となりますが，月2回程度の頻度で掲載情報の更新作業が行われていますので，許可に係る審査事務等の進捗状況によって，

実態上の情報とタイムラグが生じることもあります。

　検索の結果は以下のような表示となります。

建設業者の詳細情報

業者概要　営業所　　　　　　　　　　　　　📄 PDF

許可番号	国土交通大臣許可　第■■■号	法人・個人区分	法人
商号又は名称	■■■■■	資本金額	■■■■千円
代表者の氏名	■■■■■	建設業以外の兼業の有無	あり

| 主たる営業所の所在地 | ■■■■■ |
| 電話番号 | ■■■■■ |

保険加入状況	健康	年金	雇用
	○	○	○

※1　保険の加入状況の表示は、以下のとおりです。
　　「○」・・・加入又は適用除外
　　「－」・・・確認中
※2　なお、保険の加入状況に係る情報は、過去の許可申請等の際に、許可行政庁において確認した結果であり、現在の加入状況を保証するものではありません。現在の加入状況については、各事業者あてご確認をお願いいたします。

許可を受けた建設業の種類	土	建	大	左	と	石	屋	電	管	タ	鋼	筋	舗	しゅ	板	ガ	塗	防	内	機	絶	通	園	井	具	水	消	清	解
	2	2	2	2	2	2	2	2	2	2	2	2	2	2	2	2	2	2	2	2	2	2	2	2	2	2	2	2	2

1：一般建設業 2：特定建設業

許可業種

No.	許可年月		許可の有効期間	H29年12月18日からR04年12月17日まで
1	H29/12/18	▲	許可条件	
2	H29/11/10			
◄		►		

※更新申請がなされている場合は、当該申請に対する処分が行われるまでの間、なおその許可は有効として取り扱われます。

許可を受けた建設業の種類	土	建	大	左	と	石	屋	電	管	タ	鋼	筋	舗	しゅ	板	ガ	塗	防	内	機	絶	通	園	井	具	水	消	清	解
																													2

　「商号又は名称」などの会社の基本的な情報に加え，「許可番号」「許可の有効期間」「許可を受けた建設業の種類」などの建設業許可に関する情報を確認することができます。また，これらの情報の他に，営業所ごとの「名称」「住所」「許可を受けた建設業の種類」なども確認することができます。

　これらの情報を基に，建設業許可の更新の案内や，業種追加・般特新規などの提案をすることもできますので，行政書士であればよく活用すべきシステムです。

<関連条文等>　なし

Q9

初回面談時にお客様にご持参いただくとよい資料はありますか？

A 「お客様の情報が確認できる資料」や「要件を疎明できる資料」をご用意いただくとよいでしょう。

　面談時にはお客様の基本情報を確認するため，できるだけ「お客様の情報が確認できる資料」はいただいておきたいところです。また，要件確認を行うために，要件を疎明できる資料があるとよいでしょう。これらの資料があれば，案件が無事受託となった場合に，建設業許可申請書類の作成等がスムーズに進められることとなります。

●初回面談時に持参してもらう資料

お客様の情報が確認できる資料	<個人のお客様の場合> 住民票の写し／確定申告書の控え／パンフレット　等
	<法人のお客様の場合> 履歴事項全部証明書／定款／パンフレット　等
要件を疎明できる資料	●建設業許可通知書，建設業許可申請書，履歴事項全部証明書，閉鎖事項全部証明書，契約書・注文書・請求書等の過去の経験や実績が確認できる資料 ●技術検定の合格証明書等の保有資格が確認できる資料 ●確定申告書，決算書類等の財産的基礎内容が確認できる資料

　「お客様の情報が確認できる資料」は，個人のお客様であれば，氏名，住所，生年月日，業務内容等の情報を確認します。法人のお客様であれば，商号，本店所在地，資本金額，事業の目的，役員等の情報を確認します。現在の情報が確認できるものであれば，お客様のお手元にある住民票の写しや履歴事項全部証明書は取得年月日が古いもので問題ありません。

「要件を疎明できる資料」は，建設業許可の要件である「経営業務の管理責任者」「専任技術者」「財産的基礎等」に関して，要件を満たしているかを確認できる資料です。基本的に，面談では簡易的な要件確認を行えばOKですが，面談時に資料をもって要件を満たしていることが確認できれば安心です。

<関連条文等>　なし

Q10

初回面談時にお客様に確認すべきことは何ですか?

A 建設業許可の要件を満たすかどうかを確認することはもちろんですが,「建設業許可を取得する目的」や,「建設業許可の取得を検討するに至ったきっかけ」などを確認するとよいでしょう。

「建設業許可を取得する目的」や「建設業許可の取得を検討するに至ったきっかけ」を確認することで,建設業許可の手続きのスケジュール感を想定したり,行政書士が提案すべき事項を洗い出したり,今後の営業機会の創出をしたりすることができます。

目的やきっかけには,例えば次のようなものがあります。

①大きな仕事をしたい（軽微な建設工事を超える金額の建設工事を請け負いたい）
②施主や元請業者から,建設業許可の取得を求められた
③元請業者から選ばれる建設業者になりたい
④公共工事の入札に参加したい　等

例えば,①や②の場合,「大きな仕事をいつ頃請け負う予定があるか?」を確認することで,どのくらいのスケジュール感で進めたらよいのかを検討することができます。③の場合は,「元請業者から選ばれる建設業者になるためには何ができるか」を考えて,行政書士からさまざまな提案をすることができます。そして,④の場合,公共工事の入札参加までに必要な経営事項審査申請や入札参加資格審査申請などの行政書士として支援できる業務に関して,営業機会を得ることができるでしょう。

当たり前のことですが,初回面談をしたお客様全員が必ず建設業許可を取得できるわけではありません。なかには,要件を満たさず,建設業許可を取得することができないお客様もいらっしゃいます。「施主や元請業者はどのような

仕事で建設業許可を求めているのか？」と深掘りをして，そもそも本当に建設業許可が必要な業務であるかを検討したり，許可取得までの期間はどのような対応をすべきか，施主や元請業者の理解を得るために何をしたらよいか，をお客様にアドバイスするということもあります。そのためには，目的やきっかけの確認が欠かせません。

<関連条文等>　なし

行政書士賠償責任補償制度に
加入しましょう！

　建設業許可専門のある行政書士の先生（甲先生）からお聞きしたゾッとする話です。

　甲先生は，1件3万円ほどの報酬で，お客様（A社）から入札参加資格申請の仕事を受任されました。建設業許可専門ですので，もちろん手続きは滞りなくスムーズに終了。

　しかし，手続きが完了してから半年くらい経った頃，A社から連絡が入ります。「入札に参加して落札できそうだったのに，落札直前で発注者から入札参加資格がないと言われた。どういうことか!?」。甲先生が急いで入札参加資格申請の内容を確認してみると，希望業種に誤りがあり，A社が入札に参加した業種について申請がされておらず，A社には入札参加資格がない状態となっていました。甲先生は自分の非を認め，A社に謝罪。甲先生はひとまず急ぎで希望業種の追加の手続きを行いましたが，結局A社はその案件を落札することはできなかったそうです。

　そこから半年くらい経った頃，甲先生のもとに知らない弁護士から封書が届きます。開けてみるとA社からの損害賠償請求の通知書。損害賠償請求金額はなんと3,000万円ほど。甲先生は，代理人弁護士を立てて交渉し，最終的には2,000万円ほどで示談をしたそうですが，それでもかなりの大金です。幸いにも甲先生は，行政書士賠償責任補償制度に加入されており，A社への賠償金も代理人弁護士の費用も，免責金額を除いて全額を保険金で支払うことができたそ

うです。

　もし，行政書士賠償責任補償制度に加入していなかったら……，と想像するととてもゾッとする話です。

　行政書士の仕事は，1件数万円の仕事でもミスをすると，賠償金額は数千万円～数億円になることもある責任の重い仕事です。お客様にご迷惑をおかけしないようにするため，そして，自分自身を守るためにも行政書士賠償責任補償制度に加入されることをおすすめします。

建設業許可に関する知識

Q1
国土交通大臣許可と都道府県知事許可とは何ですか？

A 建設業許可区分の１つです。営業所を２つ以上の都道府県に設ける場合には国土交通大臣許可，１つの都道府県の区域内にのみ営業所を設ける場合（１つの都道府県の区域内に２つ以上の営業所を設ける場合も含む）には，都道府県知事許可となります。

建設業の許可を行うべき許可行政庁は，建設業を営もうとする者の設ける営業所の所在地によって決められています。営業所を２つ以上の都道府県に設ける場合には国土交通大臣が許可行政庁となり，国土交通大臣許可（大臣許可）を取得することになります。１つの都道府県の区域内にのみ営業所を設ける場合（１つの都道府県の区域内に２つ以上の営業所を設ける場合も含む）には，その営業所の所在地を管轄する都道府県知事が許可行政庁となり，都道府県知事許可（知事許可）を取得します。

● 「大臣許可」と「知事許可」の区分

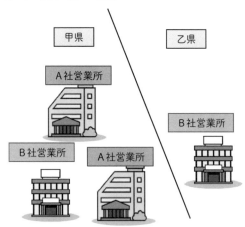

【出典：国土交通省中部地方整備局「建設業許可の手引き」(https://www.cbr.mlit.go.jp/kensei/info/license/pdf/tebiki20230101.pdf)】

図表の場合，A社は「知事許可」，B社は「大臣許可」を取得します。

　ここでいう「営業所」とは，「本店」または「支店」もしくは「常時建設工事の請負契約を締結する事務所」をいいます。「常時請負契約を締結する事務所」とは，請負契約の見積り，入札，狭義の契約締結等，請負契約の締結に係る実体的な行為を行う事務所をいい，契約書の名義人が当該事務所の代表者であるか否かは問いません。

　また，営業所の定義に該当しない場合であっても，他の営業所に対し請負契約に関する指導監督を行う等，建設業に係る営業に実質的に関与する場合には，建設業法上の営業所とみなされます。単なる登記上の本店等に過ぎないもの，請求や入金等の事務作業のみを行う事務所や作業所等は，建設業法上の営業所には該当しません。

　建設業許可の手続き上，営業所を設置する場合には届出が必要です。つまり，軽微な建設工事を除き，届出をしている営業所でのみ建設工事の請負契約の締結が可能ということです。なお，届出をしている営業所において締結した契約に基づく建設工事は，営業所のない他の都道府県でも工事を行うことができます。大臣許可であっても知事許可であっても，営業活動の範囲や工事現場の場所に制限はありません。違いは，営業所がどこに設けられているかということです。

　下表のように営業所を複数設置する場合は，少し注意が必要です。

●営業所を複数設置した例

業種／営業所	建築	電気	管
主たる営業所	許可あり	許可あり	許可あり
従たる営業所	許可あり	許可なし	許可なし

許可を受けていない業種における軽微な建設工事の場合には，建設業許可の有無に関わらず，すべての営業所において契約が可能です。しかし，許可を受けた業種については軽微な建設工事のみを請け負う場合であっても，届出をしている営業所以外においてはその業種について請負契約を締結することができません。

　このケースでは，従たる営業所では，電気工事と管工事については，軽微な建設工事であったとしても，請負契約を締結することはできません。電気工事と管工事は主たる営業所において契約する必要があります。

＜関連条文等＞　●建設業法第3条（建設業の許可）
　　　　　　　　　●建設業許可事務ガイドライン【第3条関係】

Q2

特定建設業許可と一般建設業許可とは何ですか？

A 建設業許可の区分の1つです。特定建設業許可とは，発注者から直接請け負う1件の建設工事について，下請代金の額が4,500万円（税込）（建築一式工事の場合は7,000万円（税込））以上となる下請契約を締結して施工しようとする場合に必要となる許可で，一般建設業許可とは，特定建設業の許可を受けようとする以外の建設業者が取得する許可のことです。

建設工事の適正な施工を確保するためには，建設工事の下請負人の保護や経営の安定化が必要となります。そのため建設業許可では，建設工事1件における下請契約の総額によって必要な建設業許可を区分しています。

特定建設業許可とは，発注者から直接請け負う1件の建設工事について，下請契約の総額が4,500万円（税込）（建築一式工事の場合は7,000万円（税込））以上となる下請契約を締結して施工しようとする場合に必要となる許可です。そして，一般建設業許可とは，発注者から直接請け負う1件の建設工事について，下請契約の総額が4,500万円（税込）（建築一式工事の場合は7,000万円（税込））未満，もしくは，下請の立場で建設工事を請け負う場合に必要となる許可です。

なお，ここでいう下請契約の総額（4,500万円（税込）以上の工事に該当するか否か）を判断する場合には，元請負人が提供する資材の価格は含みません。

特定建設業者と一般建設業者のどちらであっても，発注者から直接請け負う1件の工事の請負金額について制限はありません。したがって，すべての工事を自社施工にて行う場合や，下請契約の総額の合計が4,500万円（税込）（建築一式工事の場合は7,000万円（税込））未満である場合には，請負金額がたとえ1億円であっても一般建設業の許可で請け負うことが可能です。

下請契約の総額が制限されるのは，発注者から直接請け負った工事についてのみです。自社が下請負人として元請負人から請け負った工事について，さら

に下請契約を行った場合の下請契約の総額に制限はありません。

●特定建設業と一般建設業の違い

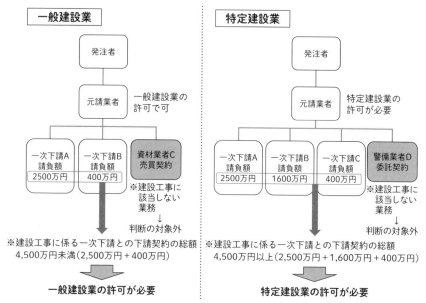

※建設工事に係る一次下請との下請契約の総額
4,500万円未満(2,500万円＋400万円)

一般建設業の許可が必要

※建設工事に係る一次下請との下請契約の総額
4,500万円以上(2,500万円＋1,600万円＋400万円)

特定建設業の許可が必要

【出典：国土交通省中部地方整備局「建設業法に基づく適正な施工の確保に向けて」
(https://www.cbr.mlit.go.jp/kensei/info/qa/pdf/R0501/R0501_000_
tekiseinasekounokakuho.pdf)】

    ＜関連条文等＞　●建設業法第3条（建設業の許可）
                 ●建設業法施行令第2条（法第三条第一項第二号の金額）
                 ●建設業許可事務ガイドライン【第3条関係】

Q3

建設業の許可の要件は何がありますか？

A 建設業の許可を受けるためには，建設業法に規定されている5つの要件を満たさなければなりません。

建設業法では，軽微な建設工事を除き，建設工事を請け負うことを営業とすることを禁止しています。許可行政庁は建設業許可の申請に基づいて，その申請者が一定の要件を満たしているかどうかを審査することで，要件を備えている者に限り，営業の禁止を解除し，適法に営業ができるものとしています。

建設業法に規定されている5つの要件は次のとおりです。

①適正な経営体制を有していること
②営業所ごとに専任技術者を置く者であること
③不正または不誠実な行為な行為をするおそれがないこと
④財産的基礎または金銭的信用を有していること
⑤欠格要件に該当していないこと

①はQ4以下でくわしく説明しますが，簡単にいうと株式会社の取締役など役員に関する要件と，社会保険の加入に関する要件が合わさったものです。令和2年10月に改正建設業法が施行される前は，役員に関する要件のみで，その要件は「経営業務の管理責任者」と呼ばれていました（現在でも便宜的に経営業務の管理責任者と呼ばれることが多いです）。

②はQ11以下で詳しく説明しますが，簡単にいうと建設業者として適切な施工力を有していることを確認するための要件です。建設業許可を受けるためには，建設業に関し一定の資格または経験を有した者（専任技術者）を設置することが必要です。

③は「誠実性」とも呼ばれる要件で，請負契約の締結やその履行に際して不正又は不誠実な行為をするおそれが明らかである者を，建設業者から除外するための要件です。建設業許可の対象となる法人もしくは個人についてはもちろんですが，建設業の営業取引において重要な地位にある役員等についても，誠実性の要件が確認されます。

④はQ23で詳しく説明しますが，簡単にいうと申請者のお金に関する要件です。建設業許可を受けるためには，建設業者として営業活動を行えるだけの資金力を有していることが必要です。

⑤はCHAPTER 3のQ14で詳しく説明しますが，簡単にいうと建設業者としての適性を欠いている者を除外するための要件です。建設業者としての適性を欠いているとする要件のことをまとめて「欠格要件」と呼んでおり，建設業許可の対象となる法人もしくは個人についてはもちろんですが，「③誠実性」に関する要件と同様に，建設業の営業取引において重要な地位にある役員等についても，欠格要件が確認されます。

一般的に許認可は「ヒト」「モノ」「カネ」に関して要件が定められていることが多いです。建設業許可の要件を分類すると①②③⑤が「ヒト」に関する要件で，④が「カネ」に関する要件です。そして，建設業法には規定されていませんが，手続きの実務上は営業所の実態についてもチェックされますので，これが「モノ」に関する要件となります。

<関連条文等>　　●建設業法第7条（許可の基準）
　　　　　　　　　●建設業法第8条
　　　　　　　　　●建設業法第15条（許可の基準）

Q4

建設業許可の要件：①適正な経営体制とは何ですか？

A 建設業の経営業務の管理を適正に行う体制と社会保険の加入に関する要件です。

　建設業の経営は1品ごとの注文生産であり，工事の内容に応じて資金の調達，資材の購入，技術者や労働者の配置，下請負人の選定や下請契約の締結をしなければいけません。また工事の完成まで契約内容に応じた施工管理を適切に行うことが求められます。このように建設業の経営は他の産業の経営とは著しく異なった特徴を有しているため，適正な建設業の経営を期待するためには，建設業の経営業務について一定期間の経験を有した者が最低でも1人は必要です。

　そのため建設業の許可にあたっては，建設業に係る経営業務の管理を適正に行うに足る能力を有していること，つまり常勤役員等がいることが求められます。この要件は，法人の常勤役員や個人事業主が個人として，もしくは組織として，建設業の経営に関する一定の経験を有していることという要件です。本書では個人としての場合も組織としての場合も，便宜上「経営業務の管理責任者」と呼びます。

　経営業務の管理責任者となるためには，常勤役員等であること（現在の地位）と，建設業の経営に関する一定の経験を有していること（過去の経験）の2つの条件を満たす必要があると覚えておくとわかりやすいです。

● 2つの条件

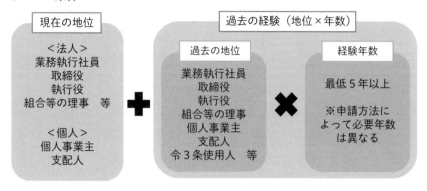

　経営業務の管理責任者の要件は，建設業法施行規則（第7条）に規定されています。

第七条　法第七条第一号の国土交通省令で定める基準は，次のとおりとする。

一　次のいずれかに該当するものであること。

　イ　常勤役員等のうち一人が次のいずれかに該当する者であること。

　　（1）建設業に関し五年以上経営業務の管理責任者としての経験を有する者

　　（2）建設業に関し五年以上経営業務の管理責任者に準ずる地位にある者
　　　　（経営業務を執行する権限の委任を受けた者に限る。）として経営業務を
　　　　管理した経験を有する者

　　（3）建設業に関し六年以上経営業務の管理責任者に準ずる地位にある者と
　　　　して経営業務の管理責任者を補佐する業務に従事した経験を有する者

　ロ　常勤役員等のうち一人が次のいずれかに該当する者であつて，かつ，財
　　務管理の業務経験（許可を受けている建設業者にあつては当該建設業者，
　　許可を受けようとする建設業を営む者にあつては当該建設業を営む者にお
　　ける五年以上の建設業の業務経験に限る。以下このロにおいて同じ。）を有
　　する者，労務管理の業務経験を有する者及び業務運営の業務経験を有する
　　者を当該常勤役員等を直接に補佐する者としてそれぞれ置くものであるこ
　　と。

　　（1）建設業に関し，二年以上役員等としての経験を有し，かつ，五年以上
　　　　役員等又は役員等に次ぐ職制上の地位にある者（財務管理，労務管理又
　　　　は業務運営の業務を担当するものに限る。）としての経験を有する者

（2）五年以上役員等としての経験を有し，かつ，建設業に関し，二年以上
　　役員等としての経験を有する者
ハ　国土交通大臣がイ又はロに掲げるものと同等以上の経営体制を有すると
　　認定したもの。

　建設業法施行規則第7条第1号は，イロハと大きく3種類に分けられます。
ハは大臣認定といい海外の建設業者での役員経験等の認定であり，取り扱う
ケースは少ないため，イとロを押さえておけば大丈夫です。イとロの違いは，
イは個人（1人）で経営業務の管理責任者になるケースで，ロは組織（2～4
名）として経営業務の管理責任者になるケースで使う要件であると覚えておく
とよいでしょう。なお，イは（1）～（3）の3種類，ロは（1）（2）の2
種類に分けられます。

　イ（1）～（3），ロ（1）（2）については，それぞれ**Q5～Q10**で解説
します。ここでは，経営業務の管理責任者に関する基本的な考え方を押さえて
おきましょう。

　まず，現在の地位として必要とされる常勤役員等とは，建設業許可を申請し
ようとする者が法人である場合には常勤の役員，個人である場合には本人（個
人事業主）またはその支配人としての立場でなければなりません。

　ここでいう役員とは，基本的に以下のような者をいいます。

◉株式会社または有限会社の取締役
◉指名委員会等設置会社の執行役
◉持分会社の業務を執行する社員
◉法人格のある各種組合等の理事
　※執行役員，監査役，会計監査，監事および事務局長等は原則として含まれませんが，「経営業
　　務の管理責任者に準ずる者」との個別の認定を受けることなどにより，経営業務の管理責任
　　者になることが可能になるケースがあります。

　そして，個人事業主の支配人とは，営業主に代わって，その営業に関する一
切の裁判上または裁判外の行為をなす権限を有する使用人のことです。建設業

許可申請において支配人と認められるのは，個人事業主としての商業登記において支配人として名前が登記されている場合に限られます。

次に，経営業務の管理責任者等として認められる建設業の経営に関する一定の経験（過去の経験）は，下表のとおりです。

●建設業の経営に関する一定の経験

経験期間の地位	建設業に関する経営業務の管理責任者	建設業に関する経営業務の管理責任者に準ずる地位		建設業の役員等または役員等に次ぐ職制上の地位	役員等（建設業以外を含む）
経験の内容	経営業務の管理責任者としての経験	執行役員等としての経営管理経験	経営業務の管理責任者を補佐する業務に従事した経験	役員等に次ぐ職制上の地位の場合は財務管理・労務管理・業務運営のいずれかの業務	
必要経験年数	5年以上		6年以上	5年以上（建設業の役員等の経験2年以上を含む）	
常勤役員等を直接補佐する者				建設業の財務管理・労務管理・業務運営についてそれぞれ業務経験5年以上の者（1人が複数の経験を兼ねることが可能）	
根拠法令	規則第7条第1号イ（1）	規則第7条第1号イ（2）	規則第7条第1号イ（3）	規則第7条第1号ロ（1）	規則第7条第1号ロ（2）

【出典：国土交通省関東地方整備局「建設業許可申請・変更の手引き」(https://www.ktr.mlit.go.jp/ktr_content/content/000827696.pdf)】

経営業務の管理責任者に求められる「常勤」とは，原則として，本社・支店等において休日その他勤務を要しない日を除き一定の計画のもとに毎日所定の時間中，その職務に従事（テレワークを行う場合を含む）している者がこれに該当します。会社の社員の場合には，雇用契約等により事業主体と継続的な関係があることも必要で，その者の勤務状況，給与の支払い状況，人事権の状況等により「常勤」か否かの判断を行います。複数の会社で役員を務めていたり，雇用契約を締結している場合であっても，いずれの会社でも常勤という状態は

認められません。健康保険や雇用保険の二重加入は認められていないため，健康保険被保険者証や雇用保険被保険者資格通知書をもって，建設業者での常勤性の確認が可能です。実際に必要な証明書類については，申請を行う許可行政庁の手引き等をご確認ください。

　なお，経営業務の管理責任者となろうとする者が，建築士事務所を管理する建築士，宅地建物取引業者の専任の宅地建物取引士などの，他の法令で営業所での専任を必要とする者として登録が行われている場合には，建築士事務所や宅地建物取引業を営む法人（または個人）と，建設業許可を受けようとする法人（または個人）が同一であり，建築士事務所や宅地建物取引業の事務所と建設業を営む営業所が同一である場合のみ，その法人・営業所での常勤性が認められます。建設業者とは異なる法人や営業所において，専任を必要とする者として登録がされている場合などには，申請を行おうとする建設業者およびその営業所において常勤である者には該当しませんのでご注意ください。

　社会保険の加入に関する要件は，**Q24**（86頁）で解説します。

<関連条文等>　● 建設業法第7条（許可の基準）
　　　　　　　● 建設業法施行規則第7条（法第七条第一号の基準）
　　　　　　　● 建設業許可事務ガイドライン【第7条関係】

Q5

建設業法施行規則第7条第1号イ（1）「建設業に関し5年以上経営業務の管理責任者としての経験を有する者」とは何ですか？

A 建設業の営業取引上対外的に責任を有する地位にあって，経営業務の執行等の建設業の経営業務について総合的に管理した経験を有する者をいいます。

　経営業務の管理責任者となることができる要件の1つとして，「建設業に関し5年以上経営業務の管理責任者としての経験を有する者」（建設業法施行規則第7条第1号イ（1））という要件があります。

　ここでいう「経営業務の管理責任者としての経験」とは，建設業の営業取引上対外的に責任を有する地位にあって，経営業務の執行等の建設業の経営業務について総合的に管理した経験をいいます。この経験は建設業の許可業種ごとに区分はされず，建設業のいずれかの業種に関する経験があればよいこととされています。

　経営業務の管理責任者としての経験を証明する際の，経験期間における役職は「営業取引上対外的に責任のある地位」であることが必要とされています。これは，持分会社の業務を執行する社員，株式会社の取締役，指名委員会等設置会社の執行役，もしくは法人格のある各種組合等の理事等，個人の事業主または支配人，その他支店長，営業所等の長（建設業法施行令第3条に規定する使用人）などが該当します。

●**経験を証明するための資料一覧** ※法人の役員・個人事業主としての経験の場合

| | 過去の経験年数を証明する書類 | 建設業を経営していたことを証明する書類 | |
		建設業許可を有している会社での経験の場合	建設業許可を有していない会社での経験の場合
国土交通大臣	<法人>経験を積んだ会社の経験期間分の登記事項全部証明書<個人>個人確定申告書の写し（第一表, 第二表）	経験期間分の建設業許可通知書（写し）	経験期間分の工事請負契約書または注文書・注文請書
東京都大阪府愛知県		以下のいずれかの写し●建設業許可通知書●受付印の押印された建設業許可申請書・変更届・廃業届等	<例>●工事請負契約書●注文書・注文請書●請求書入金確認資料なども求められる場合がある

　原本提示の有無，必要件数や補完資料については許可行政庁によって異なります。詳しくは，申請を行おうとする許可行政庁の手引き等をご確認ください。

<関連条文等> ●建設業法第7条（許可の基準）
●建設業法施行規則第7条（法第七条第一号の基準）
●建設業許可事務ガイドライン【第7条関係】

Q6

建設業法施行規則第7条第1号イ（2）「建設業に関し5
年以上経営業務の管理責任者に準ずる地位にある者（経
営業務を執行する権限の委任を受けた者に限る。）として
経営業務を管理した経験を有する者」とは何ですか？

A 　取締役会設置会社において，取締役会の決議により特定の事業部門
に関して業務執行権限の委譲を受ける者として選任され，かつ，取締役会
によって定められた業務執行方針に従って，代表取締役の指揮および命令
のもとに，具体的な業務執行に専念した経験を有する者をいいます。

　経営業務の管理責任者となることができる要件の1つとして，「建設業に関
し5年以上経営業務の管理責任者に準ずる地位にある者（経営業務を執行する
権限の委任を受けた者に限る。）として経営業務を管理した経験を有する者」
（建設業法施行規則第7条第1号イ（2））という要件があります。

　「経営業務の管理責任者に準ずる地位にある者（経営業務を執行する権限の
委任を受けた者に限る。）として経営業務を管理した経験」とは，取締役会設
置会社において，取締役会の決議により特定の事業部門に関して業務執行権限
の委譲を受ける者として選任され，かつ，取締役会によって定められた業務執
行方針に従って，代表取締役の指揮および命令のもとに，具体的な業務執行に
専念した経験をいいます。具体的には，取締役等に次ぐ職制上の地位である執
行役員等の地位にある者としての経験です。

　この経験は，取締役会設置会社での経験であることが必要です。取締役会非
設置会社や個人事業主での経験は認められません。また，執行役員等の経営業
務の管理責任者に準ずる地位にある者に対して委譲される権限は，建設業に関
する事業部門に関する業務執行権限である必要があります。委譲される権限が，
建設業に関する事業の一部のみや資金・資材調達のみを分掌する権限である場

合には，この要件を満たしているということはできません。

　建設業における役員としての経験期間が5年未満であっても，建設業に関する執行役員等の準ずる地位にある者としての経験期間を合算して5年以上となる場合には，経営業務の管理責任者となることができます。

●経営業務の管理責任者に準ずる地位にある者の証明方法

必要書類	書類の具体例
①執行役員等の地位が業務を執行する社員，取締役または執行役に次ぐ職制上の地位にあることを確認するための書類	組織図その他これに準ずる書類
②業務執行を行う特定の事業部門が建設業に関する事業部門であることを確認するための書類	業務分掌規程その他これに準ずる書類
③取締役会の決議により特定の事業部門に関して業務執行権限の委譲を受ける者として選任され，かつ，取締役会の決議により決められた業務執行の方針に従って，特定の事業部門に関して，代表取締役の指揮および命令のもとに，具体的な業務執行に専念する者であることを確認するための書類	定款，執行役員規程，執行役員職務分掌規程，取締役会規則，取締役会就業規程，取締役会の議事録その他これらに準ずる書類
④執行役員等としての経営管理経験の期間を確認するための書類	取締役会の議事録，人事発令書その他これに準ずる書類

　この要件を使用して経営業務の管理責任者を設置し，建設業許可を受けようとする場合には，許可行政庁での個別認定や事前相談が必要になる場合がありますので，十分な期間をもって許可行政庁に相談をするようにしてください。

<関連条文等>　●建設業法第7条（許可の基準）
　　　　　　　　●建設業法施行規則第7条（法第七条第一号の基準）
　　　　　　　　●建設業許可事務ガイドライン【第7条関係】

Q7

建設業法施行規則第7条第1号イ（3）「建設業に関し6年以上経営業務の管理責任者に準ずる地位にある者として経営業務の管理責任者を補佐する業務に従事した経験を有する者」とは何ですか？

A 　経営業務の管理責任者に準ずる地位にあって，建設業に関する建設工事の施工に必要とされる資金の調達，技術者および技能者の配置，下請業者との契約の締結等の経営業務全般について，従事した経験を有する者をいいます。

　経営業務の管理責任者となることができる要件の1つとして，「建設業に関し6年以上経営業務の管理責任者に準ずる地位にある者として経営業務の管理責任者を補佐する業務に従事した経験を有する者」（建設業法施行規則第7条第1号イ（3））という要件があります。

　ここでいう「経営業務の管理責任者に準ずる地位にある者として経営業務の管理責任者を補佐する業務に従事した経験（以下「補佐経験」）」とは，業務を執行する社員，取締役，執行役もしくは法人格のある各種組合等の理事等，個人の事業主または支配人その他支店長，営業所長等営業取引上対外的に責任を有する地位に次ぐ職制上の地位にあって，建設業に関する建設工事の施工に必要とされる資金の調達，技術者および技能者の配置，下請業者との契約の締結等の経営業務全般について従事した経験をいいます。補佐経験については，法人，個人どちらの経験であるかは問われません。

　建設業者における役員としての経験期間や，執行役員等の準ずる地位における経験期間が5年未満であっても，補佐する者としての経験期間を合算して6年以上となる場合には，経営業務の管理責任者となることができます。

●経営業務の管理責任者を補佐する者の証明方法

必要書類	書類の具体例
①被認定者による経験が「経営業務の管理責任者（※）に次ぐ職制上の地位」における経験に該当することを確認するための書類	組織図その他これに準ずる書類
②被認定者における経験が補佐経験に該当することを確認するための書類	業務分掌規程，過去の稟議書その他これらに準ずる書類
③補佐経験の期間を確認するための書類	人事発令書その他これらに準ずる書類

※業務を執行する社員，取締役，執行役もしくは，法人格のある各種組合等の理事等，個人の事業主または支配人，その他支店長，営業所長等営業取引上対外的に責任を有する地位に次ぐ職制上の地位をいう。

　この要件を使用して経営業務の管理責任者を設置し，建設業許可を受けようとする場合には，許可行政庁での個別認定や事前相談が必要になる場合がありますので，十分な期間をもって許可行政庁に相談をするようにしてください。

　　　　　＜関連条文等＞　●建設業法第7条（許可の基準）
　　　　　　　　　　　　　●建設業法施行規則第7条（法第七条第一号の基準）
　　　　　　　　　　　　　●建設業許可事務ガイドライン【第7条関係】

Q8

建設業法施行規則第7条第1号ロ（1）「建設業に関し，2年以上役員等としての経験を有し，かつ，5年以上役員等又は役員等に次ぐ職制上の地位にある者（財務管理，労務管理又は業務運営の業務を担当するものに限る。）としての経験を有する者」とは何ですか？

A 　建設業での役員等の経験が2年以上5年未満であるが，建設業での執行役員や部長等の役員等に次ぐ職制上の地位での経験を加算することで，5年以上の建設業に関する経験期間を有する者をいいます。

　経営業務の管理責任者となることができる要件の1つとして，「建設業に関し，2年以上役員等としての経験を有し，かつ，5年以上役員等又は役員等に次ぐ職制上の地位にある者としての経験を有する者」（建設業法施行規則第7条第1号ロ（1））という要件があります。

　建設業法施行規則第7条第1号ロ（1）の要件を使用することにより，建設業での2年以上の役員経験を含め，建設業での役員または役員に次ぐ職制上の地位にあるものとして5年以上の経験を有している場合には，経営業務の管理責任者の要件を満たすものと判断されます。つまり，建設業に関して2年以上の役員等の経験＋建設業に関して役員等に次ぐ職制上の地位での財務管理，労務管理，業務運営に関する経験＝5年以上，であれば，この要件に該当します。

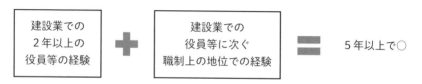

　ただし，**Q10**（52頁）で解説する「常勤役員等を直接に補佐する者」の設置が必要となりますので注意が必要です。

●建設業法施行規則第7条第1号ロ（1）に該当するかの判断例

経験内容①	経験内容②	認否
（立場）取締役（建設業） （経験期間）2年	（立場）執行役員 （経験内容）建設業の財務管理 （経験期間）3年	○
（立場）取締役（建設業） （経験期間）3年	（立場）総務部長※ （経験内容）建設業の労務管理 （経験期間）2年	○
（立場）取締役（建設業） （経験期間）4年	（立場）建設部長※ （経験内容）建設業の業務運営 （経験期間）1年	○
（立場）取締役（建設業） （経験期間）1年	（立場）執行役員 （経験内容）建設業の財務管理 （経験期間）4年	×
（立場）取締役（建設業） （経験期間）3年	（立場）総務部所属の従業員 （経験内容）建設業の労務管理 （経験期間）2年	×

※役員等に次ぐ職制上の地位であることが前提

　経験内容②に記載のある立場はあくまで例示であり，第7条第1号ロ（1）の「役員等に次ぐ職制上の地位」とは会社の組織体系において役員等に次ぐ役職上の地位にある者をいいます。実際に申請を行う場合には，組織図や業務分掌規程などを許可行政庁に提出し，経験内容の確認が行われます。

　役員等に次ぐ職制上の地位にある者としての経験は，どのような経験でも良いわけではありません。ここで認められるのは，建設業に関する「財務管理」「労務管理」または「業務運営」のいずれかの経験に限られます。組織図上，役員等に次ぐ地位にない者としての経験はもちろんですが，建設業以外の財務・労務・業務運営に関する経験も使用することはできません。

<財務管理の業務経験>
　建設工事を施工するにあたって必要な資金の調達や施工中の資金繰りの管理，下請業者への代金の支払いなどを行う部署における業務経験。

＜労務管理の業務経験＞

　社内や工事現場における勤怠の管理や社会保険関係の手続きを行う部署における業務経験。

＜業務運営の業務経験＞

　会社の経営方針や運営方針を策定，実施する部署における業務経験。

　第7条第1号イ（2）「準ずる地位での経営業務を管理した経験」や，第7条第1号イ（3）「準ずる地位での経営業務を補佐する業務に従事した経験」と，第7条第1号ロ（1）「役員等に次ぐ職制上の地位にある者としての経験」は混同しやすいので，それぞれの要件で求められる経験内容には注意が必要です。第7条第1号イ（2）では「経営業務を管理した経験（取締役会設置会社において，取締役会の決議により特定の事業部門に関して業務執行権限の委譲を受ける者として選任され，かつ，取締役会によって定められた業務執行方針に従って，代表取締役の指揮および命令のもとに，具体的な業務執行に専念した経験）」，第7条第1号イ（3）では「建設業に関する建設工事の施工に必要とされる資金の調達，技術者および技能者の配置，下請業者との契約の締結等の経営業務全般について，従事した経験」が求められます。第7条第1号ロ（1）では財務・労務・業務運営のいずれかの経験でよく，経営業務を管理した経験や経営業務全般について従事した経験までは求められていません。そのため第7条第1号ロ（1）は第7条第1号イ（2）（3）よりも緩和された要件であるということができます。

　建設業法施行規則第7条第1号ロ（1）については，次のような書類によって証明することになります。

●建設業法施行規則第7条第1号ロ（1）の証明方法

必要書類	書類の具体例
①役員等に次ぐ職制上の地位における経験に該当することを確認するための書類	組織図その他これに準ずる書類
②被認定者における経験が「財務管理」，「労務管理」または「業務運営」の業務経験に該当することを確認するための書類	業務分掌規程，過去の稟議書その他これらに準ずる書類
③役員等に次ぐ職制上の地位における経験の期間を確認するための書類	人事発令書その他これらに準ずる書類

　この要件を使用して経営業務の管理責任者を設置し，建設業許可を受けようとする場合には，許可行政庁での個別認定や事前相談が必要になる場合があります。実際に申請を行う場合には，十分な期間をもって，許可行政庁に相談をするようにしてください。

　　　　　<関連条文等>　●建設業法第7条（許可の基準）
　　　　　　　　　　　　　●建設業法施行規則第7条第1号ロ（1）
　　　　　　　　　　　　　●建設業許可事務ガイドライン【第7条関係】

Q9

建設業法施行規則第7条第1号ロ（2）「5年以上役員等としての経験を有し，かつ，建設業に関し，2年以上役員等としての経験を有する者」とは何ですか？

A 建設業での役員等の経験が2年以上5年未満であるが，異業種での役員等の経験を加算することで，5年以上の役員等としての経験期間を有する者をいいます。

経営業務の管理責任者となることができる要件の1つとして，「5年以上役員等としての経験を有し，かつ，建設業に関し，2年以上役員等としての経験を有する者」（建設業法施行規則第7条第1号ロ（2））という要件があります。

建設業法施行規則第7条第1号イの要件を使用する場合，建設業での役員等としての経験が5年以上必要です。しかし，建設業法施行規則第7条第1号ロ（2）の要件を使用することで，建設業での2年以上の役員等の経験を含めて，営む業種を問わず5年以上の役員等の経験を有している場合には，経営業務の管理責任者の要件を満たすものと判断されます。

つまり，建設業に関して2年以上の役員等の経験＋異業種に関して役員等の経験＝5年以上，であれば，この要件に該当するということになります。

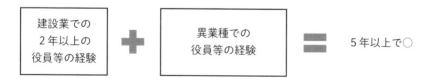

ただし，**Q10**（52頁）で解説する「常勤役員等を直接に補佐する者」の設置が必要となりますので注意が必要です。

●建設業法施行規則第7条第1号ロ（2）に該当するかの判断例

経験内容①	経験内容②	認否
（立場）取締役（製造業） （経験期間）5年	（立場）取締役（建設業） （経験期間）2年	○
（立場）取締役（小売業） （経験期間）1年	（立場）取締役（建設業） （経験期間）4年	○
（立場）取締役（製造業） （経験期間）2年	（立場）執行役員（建設業） （経験期間）3年	○
（立場）執行役員（製造業者） （経験期間）3年	（立場）執行役員（建設業） （経験期間）2年	○
（立場）取締役（製造業者） （経験期間）2年	（立場）取締役（建設業） （経験期間）2年	×
（立場）取締役（小売業） （経験期間）1年	（立場）取締役（建設業） （経験期間）3年	×

　この要件を使用して経営業務の管理責任者を設置し，建設業許可を受けようとする場合には，許可行政庁での個別認定や事前相談が必要になる場合がありますので，十分な期間をもって許可行政庁に相談をするようにしてください。

　　　　<関連条文等>　　●建設業法第7条（許可の要件）
　　　　　　　　　　　　●建設業法施行規則第7条（法第七条第一号の基準）

Q10
建設業法施行規則第7条第1号ロ「常勤役員等を直接に補佐する者」とは何ですか？

A 建設業法施行規則第7条第1号ロを使用して，「適正な経営体制」の要件を満たそうとする場合に設置が必要な者で，建設業の分野に関して，財務管理・労務管理・業務運営の業務経験を5年以上有する者であり，常勤役員等の直属として配置される者をいいます。

建設業法施行規則第7条第1号ロ（1）（2）によって，「適正な経営体制」の要件を満たそうとする場合には，財務管理の業務経験，労務管理の業務経験，業務運営の業務経験を有する者を，常勤役員等を直接に補佐する者としてそれぞれ置かなければなりません。

「財務管理の業務経験」を5年以上有する者，「労務管理の業務経験」を5年以上有する者，「業務運営の経験」を5年以上有する者をそれぞれ置く必要がありますので，「直接に補佐する者」が最大3人必要となりますが，複数の経験を有している場合は1人で複数を兼ねることもできます。また，この経験期間は重複することができますので，例えば，総務部などで，財務管理と労務管理を行っていた場合，総務部に5年以上所属して業務を行っていた者は，財務管理と労務管理の両方について経験を有していることになります。

それぞれの経験の具体的な内容は次のとおりです。

＜財務管理の業務経験＞
建設工事を施工するにあたって必要な資金の調達や施工中の資金繰りの管理，下請業者への代金の支払いなどを行う部署における業務経験。

＜労務管理の業務経験＞
社内や工事現場における勤怠の管理や社会保険関係の手続きを行う部署における業務経験

＜業務運営の経験＞
　会社の経営方針や運営方針を策定，実施する部署における業務経験

　なお直接に補佐する者の経験は，他社での業務経験を使用することはできず，必ず所属する（申請を行おうとする）建設業者での経験に限られますので注意が必要です。

　「直接に補佐する」とは，組織体系および実態として，常勤役員等との間に他の者を介在させることなく，当該常勤役員等から直接指揮命令を受け業務を常勤で行うことをいいます。

●直接に補佐する者が認められる組織体系
A：建設業法施行規則第7条第1号ロ（1）（2）のいずれかに該当する常勤役員等
B，C，D：財務管理，労務管理，業務運営の業務経験を有する者

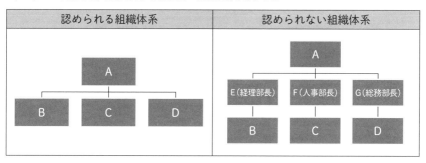

　「認められない組織体系」では，AとB・C・Dの間に，それぞれE・F・Gという他者を介在させており，B・C・DはAから直接指揮命令を受け業務を行う組織体系になっていないため，認められないということになります。

　直接に補佐する状態にあるかどうかについては，組織図その他これに準ずる書類によって確認が行われます。

●直接に補佐する者の証明方法

必要書類	書類の具体例
①被認定者における経験が「財務管理」，「労務管理」または「業務運営」の業務経験に該当することを確認するための書類	業務分掌規程，過去の稟議書その他これらに準ずる書類
②「財務管理」，「労務管理」または「業務運営」の業務経験の期間を確認するための書類	人事発令書その他これらに準ずる書類

　ここまで説明した建設業法施行規則第7条第1号イとロをまとめた図が，東京都「建設業許可申請変更の手引」に示されています。

●常勤役員等の過去の経営経験について

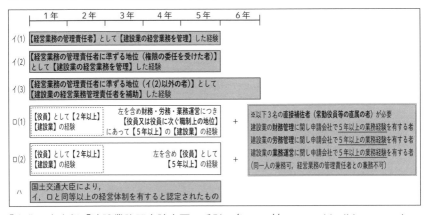

【出典：東京都「建設業許可申請変更の手引」(https://www.toshiseibi.metro.tokyo.lg.jp/kenchiku/kensetsu/pdf/2107/R04_kensetsu_tebiki_all.pdf)】

<関連条文等>　●建設業法第7条（許可の要件）
　　　　　　　　●建設業法施行規則第7条（法第七条第一号の基準）
　　　　　　　　●建設業許可事務ガイドライン【第7条関係】

Q11

建設業許可の要件：②営業所の専任技術者とはどのような技術者ですか？

A 建設工事に関する請負契約を適正に締結しその履行を確保するため，建設業を営むすべての営業所ごとに専任で配置しなければならない一定の資格または経験を有する技術者をいいます。

建設工事に関する請負契約を適正に締結しその履行を確保するためには，建設工事についての専門知識が必要です。そのため，建設業を営むすべての営業所ごとに一定の資格または経験を有する技術者を専任で配置することが求められています。この技術者のことを「専任技術者」といいます。また，見積り，入札，請負契約締結等の建設業に関する営業は各営業所で行われることから，営業所ごとに専任技術者を配置する必要があります。

営業所に配置された専任技術者の役割は，営業所においては，工法の検討や注文者への技術的な説明，建設工事の見積り，入札，請負契約の締結等が適正に行われるよう技術的なサポートをし，工事現場に出る技術者に対しては，建設工事の施工が適正に行われるよう指導監督をすることです。

専任技術者には国家資格や実務経験などの資格要件が求められています。求められる資格要件は次の表のとおりで，特定建設業許可は一般建設業許可に比べて，より厳しい要件となっています。これは特定建設業許可が必要とされる大規模工事は，高度の技術的水準が要求され，これを安全かつ適正に施工するために，一般建設業許可よりも要件が加重されているためです。また業種ごとに必要な資格が異なります。

●専任技術者の資格要件

	一般建設業許可の場合	特定建設業許可の場合
根拠	建設業法第 7 条第 2 号 次のイロハのいずれかに該当すること	建設業法第15条第 2 号 次のイロハのいずれかに該当すること
イ	**所定学科卒業＋実務経験** 　高校所定学科卒業の場合は 5 年以上 　大学所定学科卒業の場合は 3 年以上 **第一次検定合格（技士補）＋実務経験** 　一級一次検定合格の場合は合格後 3 年以上 　二級一次検定合格の場合は合格後 5 年以上 　※指定建設業（土，建，電，管，鋼，舗，園）と通は除く	**一定の国家資格等（一級）** 　一級建築施工管理技士 　一級土木施工管理技士 　一級電気工事施工管理技士 　一級管工事施工管理技士　等
ロ	**10年以上の実務経験**	**一般建設業要件＋指導監督的実務経験** 　左記一般建設業のイ，ロ，ハのいずれかに該当し，元請として4,500万円以上の工事について2年以上の指導監督的な実務経験を有する 　※指定建設業（土，建，電，管，鋼，舗，園）は除く
ハ	**一定の国家資格等（一級，二級）** 　一級，二級建築施工管理技士 　一級，二級土木施工管理技士 　一級，二級電気工事施工管理技士 　一級，二級管工事施工管理技士　等	**大臣認定**

「土木工事業」「建築工事業」「電気工事業」「管工事業」「鋼構造物工事業」「舗装工事業」「造園工事業」の7業種は指定建設業として定められています。この指定建設業について，特定建設業許可を受けようとする場合は，専任技術者は表のイまたはハに該当する者でなければなりませんので注意が必要です。なお，指定建設業は建設業法施行令によって，「施工技術の総合性」「施工技術の普及状況」「その他の事情（建設工事の公共性，国家資格の充足度等）」を基準に定められています。

＜関連条文等＞　⦿建設業法第7条（許可の基準）
　　　　　　　　⦿建設業法第15条（許可の基準）
　　　　　　　　⦿建設業法施行令第5条の2（法第十五条第二号ただし書の建設業）

専任技術者に求められる「専任」とはどのような状態を
指しますか？

A 「専任」とは，その営業所に常勤（テレワークを行う場合を含む）
して専らその職務に従事することをいいます。

専任技術者は，休日や勤務を必要としない日を除いて，通常の勤務時間中は
その営業所に勤務し，専任技術者としての職務に従事することが必要です。

会社の社員の場合には，雇用契約等により事業主体と継続的な関係があるこ
とが必要で，その者の勤務状況，給与の支払い状況，人事権の状況等により
「専任」か否かの判断が行われます。

次のような場合には，原則として「専任」とはいえませんので，注意が必要
です。

①住所が勤務を要する営業所の所在地から著しく遠距離にあり，常識上通勤不可
能な者
②他の営業所（他の建設業者の営業所を含む）において専任を要する者
③建築士事務所を管理する建築士，専任の宅地建物取引士等の他の法令により特
定の事務所等において専任を要することとされている者（建設業において専任
を要する営業所が他の法令により専任を要する事務所等と兼ねている場合にお
いて，その事務所等において専任を要する者を除く）
④他に個人営業を行っている者，他の法人の常勤役員である者等他の営業等につ
いて専任に近い状態にあると認められる者

専任技術者は営業所に「専任」が求められるため，工事現場の配置技術者
（主任技術者または監理技術者）と兼務することができません。ただし，次の
要件を満たした場合，例外的に専任技術者が工事現場の配置技術者を兼ねるこ
とができます。

●専任技術者と主任技術者または監理技術者を兼務するための要件

①当該営業所で契約締結した建設工事であること

②実質的に当該営業所の職務を適正に遂行できる程度に近接した工事現場であること

③当該営業所と常時連絡をとり得る体制にあること

④当該建設工事が，主任技術者等の工事現場への専任を要する工事※でないこと

⑤当該技術者が，所属建設業者と直接的かつ恒常的な雇用関係にあること

※工事現場への専任を要する工事とは：公共性のある施設もしくは工作物または多数の者が利用する施設もしくは工作物（公共性のある施設等）に関する重要な建設工事であって，工事1件の請負代金の額が4,000万円（税込）（建築一式工事の場合は8,000万円（税込））以上である場合には，適正な施工の確保が求められるため，主任技術者または監理技術者は工事現場ごとに専任であることが求められます。したがって，例えば戸建て住宅の場合は，特定の者が使用する工作物であるため，主任技術者・監理技術者の専任が求められません。

<関連条文等>
- 建設業法第7条（許可の要件）
- 建設業法第26条（主任技術者及び監理技術者の設置等）
- 建設業法施行令第27条（専任の主任技術者又は監理技術者を必要する建設工事）
- 建設業許可事務ガイドライン【第7条関係】
- 監理技術者制度運用マニュアル

Q13

専任技術者になることができる国家資格にはどのような
ものがありますか？

A 専任技術者になることができる国家資格は，土木工事業であれば，土木施工管理技士，建築工事業であれば，建築施工管理技士や建築士など，建設業の種類によって異なります。

専任技術者になることができる国家資格は，建設業の種類によって異なるうえ，資格の種類は多岐にわたりますので，許可行政庁の手引き等で確認するとわかりやすいです。参考までに東京都の手引きをご紹介します。

解体工事業の専任技術者に関しては，注意が必要です。一級土木施工管理技士，一級建築施工管理技士，二級土木施工管理技士（土木），二級建築施工管理技士（建築または躯体）の資格保有者は，解体工事業の専任技術者となることができますが，平成27年度までに合格した者の場合には，合格後の解体工事に関する実務経験1年以上または登録解体工事講習の受講が必要となります。

専任技術者は建設業許可を取得・維持するために必要な要件であり，不在の状態となることは認められていません。そのため，専任技術者が退職等で建設業者に所属しなくなった場合，その専任技術者に代わる適切な資格や実務経験を有した者を専任技術者として届け出なければなりません。

この専任技術者の交代は1日も間を空けることなく行う必要があります。代わりの専任技術者を充てられない場合には，その専任技術者が担当していた業種については，建設業許可を維持することができず，廃業の手続きが必要になりますので注意が必要です。

<関連条文等>　● 建設業法第7条（許可の要件）
　　　　　　　　　● 建設業法第15条（許可の基準）
　　　　　　　　　● 建設業法施行規則第7条の3（法第七条第二号ハの
　　　　　　　　　　知識及び技術又は技能を有するものと認められる者）

●技術者の資格（資格・免許およびコード番号）表

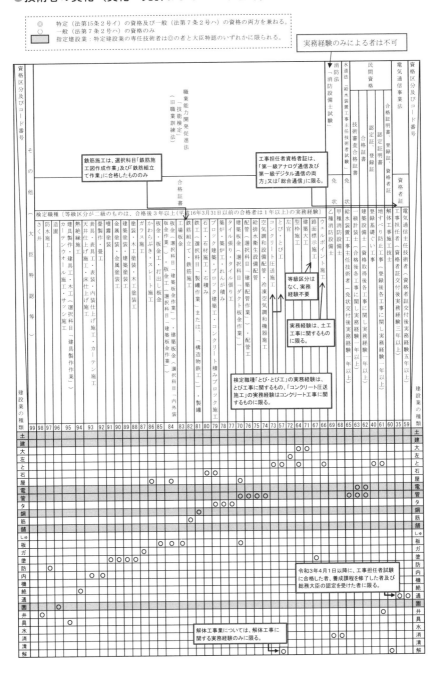

上部注記：

（注）「農業農村工学」につき、令和2年3月5日以前合格者の科目名は「農業土木」
「流体機器」につき、令和2年3月5日以前合格者の科目名は「流体工学」
「熱・動力エネルギー機器」につき、令和2年3月5日以前合格者の科目名は「熱工学」
「林業・林産」につき、令和2年3月5日以前合格者の科目名は「林業」
「廃棄物・資源循環」につき、令和2年3月5日以前合格者の科目名は、「廃棄物管理」、
平成15年以前の科目名は「廃棄物処理」

実務経験のみによる者は不可

旧電気工事士法による従来の電気工事士免状は第二種電気工事士免状とみなされる。

このほか、旧規則（改正前の技術士法施行規則）による部門「選択科目」

部門、「選択科目」（選択科目がある場合は、登録証の他に、選択科目が記載されている「合格証明書」を添付すること。）

昭和57年総理府令第37号による改正前の技術士法施行規則による選択科目

合格年度に関わらず、解体工事の実務経験1年以上の証明または登録解体工事講習の受講が必要

H27年度までの合格者は、解体工事に関する実務経験1年以上の証明または登録解体工事講習の受講が必要（P72参照）

業種については次頁参照

縦の資格区分列見出し（右端）：
電気工事士法「電気工事士試験」／技術士法「技術士試験」／建築士法「建築士試験」／建設業法「登録基幹技能者講習」／建設業法「技術検定」

免状区分（左列）：
電気主任技術者国家試験等／免状（電気工事士法「電気工事士試験」）／第一種・第二種電気工事士（免許交付後実務経験三年以上）／第一種電気工事士（免許交付後実務経験五年以上）／電気主任技術者（一種・二種・三種）

資格区分及びコード番号と建設業の種類のマトリクス：

建設業の種類	58	56	55	54	53	52	51	50	49	48	47	46	45	44	43	42	41	39	38	37	36	34	33	32	31	30	29	28	27	23	22	21	20	16	15	14	13	12	11
土						◎									◎	◎	◎														◎		◎		◎	◎	◎	◎	
建																																							
大																			◎	◎											◎								◎
左																																							◎
と															◎		◎														◎								◎
石																◎															◎								◎
屋																			◎	◎											◎								
電	○	○	○																							○	○			○									
管				◎		◎	◎		◎	◎	◎					◎									○	○				◎									
タ																		◎	◎											◎	◎								
鋼																	◎													◎							◎	◎	◎
筋																◎															◎								
舗									◎							◎															◎				◎	◎	◎	◎	
しゅ																															○								
板																															○								
ガ																															○								
塗									◎																						○		○						
防																															○								
内												◎																			○								
機																		◎	◎												○								
絶																															○								
通																				◎				◎							○								
園						◎			◎													◎	◎								○								
井																															○							◎	
具																															○								
水									◎																							○	◎						
消																															○								
清									◎																														
解																															○	○	○						

種別（22列付近）：仕上げ／躯体／建築
種別（13〜11列付近）：土木／鋼構造物塗装／薬液注入

【出典：東京都「建設業許可申請変更の手引」（https://www.toshiseibi.metro.tokyo.lg.jp/kenchiku/kensetsu/pdf/2107/R04_kensetsu_tebiki_all.pdf）】

Q14

専任技術者として認められる登録基幹技能者とは何ですか？

A 　登録基幹技能者は，熟達した作業能力と豊富な知識を持つとともに，現場をまとめ，効率的に作業を進めるためのマネジメント能力に優れた技能者で，専門工事業団体の開催する登録基幹技能者講習を受講し，資格認定を受けた技術者のことを指します。

登録基幹技能者講習を受講するためには，①～③のいずれかの要件を満たしていることが必要です。

①当該基幹技能者の職種において，10年以上の実務経験
②実務経験のうち3年以上の職長経験
③実施機関において定めている資格等の保有（1級技能士，施工管理技士等）

登録基幹技能者講習を受講した方は，登録基幹技能者講習の種目が対応する建設業の種類について，一般建設業の専任技術者になることができます。

●登録基幹技能者について

許可を受けようとする 建設業の種類	登録基幹技能者講習の種目
大工工事業	登録型枠基幹技能者，登録建築大工基幹技能者 登録建築測量基幹技能者
左官工事業	登録左官基幹技能者，登録外壁仕上基幹技能者
とび・土工工事業	登録橋梁基幹技能者，登録コンクリート圧送基幹技能者，登録トンネル基幹技能者，登録機械土工基幹技能者，登録PC基幹技能者，登録鳶・土工基幹技能者，登録切断穿孔基幹技能者，登録エクステリア基幹技能者，登録グラウト基幹技能者，登録運動施設基幹技能者，登録基礎工基幹技能者，登録標識・路面標示基幹技能者，登録土工基幹技能者，登録発破・破砕基幹技能者

	登録圧入工基幹技能者，登録送電線工事基幹技能者
石工事業	登録エクステリア基幹技能者
屋根工事業	登録建築板金基幹技能者
電気工事業	登録電気工事基幹技能者，登録送電線工事基幹技能者
管工事業	登録配管基幹技能者，登録ダクト基幹技能者，登録冷凍空調基幹技能者
タイル・れんが・ブロック工事業	登録エクステリア基幹技能者，登録タイル張り基幹技能者，登録ALC基幹技能者
鋼構造物工事業	登録橋梁基幹技能者
鉄筋工事業	登録PC基幹技能者，登録鉄筋基幹技能者，登録圧接基幹技能者
舗装工事業	登録運動施設基幹技能者
しゅんせつ工事業	登録海上起重基幹技能者
板金工事業	登録建築板金基幹技能者
ガラス工事業	登録硝子工事基幹技能者
塗装工事業	登録建設塗装基幹技能者，登録外壁仕上基幹技能者，登録標識・路面標示基幹技能者
防水工事業	登録防水基幹技能者，登録外壁仕上基幹技能者
内装仕上工事業	登録内装仕上工事基幹技能者
熱絶縁工事業	登録保温保冷基幹技能者，登録ウレタン断熱基幹技能者
電気通信工事業	登録電気工事基幹技能者
さく井工事業	登録さく井基幹技能者
造園工事業	登録造園基幹技能者，登録運動施設基幹技能者
建具工事業	登録サッシ・カーテンウォール基幹技能者
消防施設工事業	登録消火設備基幹技能者

表の右欄の講習について，それぞれ左欄の建設業の建設工事に関し10年以上の実務経験を有することが受講資格の一つであり，かつ，当該受講資格を満たした状態で受講された方が対象です。(※1，※2)

※1　右欄の講習について，左欄の建設業の建設工事に関し10年以上の実務経験を有することが受講資格の一つでないものを平成30年3月31日以前に修了されている方は，当該実務経験を10年以上有するに至った時点で，この規定の対象者となります。

※2　右欄の講習について，それぞれ左欄の建設業以外の建設業（左欄にあるものに限ります。）に関し10年以上の実務経験を有することが受講資格の一つであるものを修了された方は，許可を受けようとする建設業の建設工事に関し10年以上の実務経験を有するに至った時点で，この規定の対象者となります。

【出典：愛知県「建設業許可申請の手引（申請手続編）」(https://www.pref.aichi.jp/uploaded/attachment/458189.pdf)】

登録基幹技能者が主任技術者要件を満たしているか否かについては，講習修了証で確認することができます。講習修了証に，「実務経験を有する建設業の種類について建設業法第26条第1項に定める主任技術者の要件を満たすと認められる」ことが記載されている場合は，主任技術者要件を満たしていることになります。

●登録基幹技能者講習修了証の例

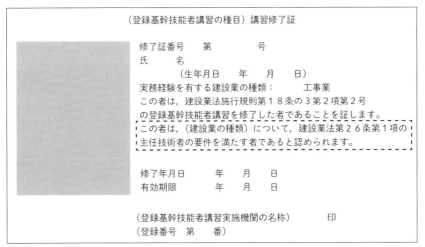

（登録基幹技能者講習の種目）講習修了証

修了証番号　　第　　　　　　号
氏　　名
　　　　（生年月日　　年　　月　　日）
実務経験を有する建設業の種類：　　　　工事業
この者は，建設業法施行規則第18条の3第2項第2号
の登録基幹技能者講習を修了した者であることを証します。
この者は，（建設業の種類）について，建設業法第26条第1項の
主任技術者の要件を満たす者であると認められます。

修了年月日　　　年　　　月　　　日
有効期限　　　　年　　　月　　　日

（登録基幹技能者講習実施機関の名称）　　　　印
（登録番号　第　　番）

【出典：国土交通省「登録基幹技能者講習修了証の取扱いについて」(https://www.hrr.mlit.go.jp/kensei/sangyo/kensetsu/kyoka/180711tourokukikanginoushasankosiryou.pdf)】

<関連条文等>　　●建設業法施行規則第7条の3（法第七条第二号ハの知識
　　　　　　　　　　及び技術又は技能を有するものと認められる者）

Q15

専任技術者の資格要件：実務経験・指導監督的実務経験
として認められるものには何がありますか？

A 実務経験とは，建設工事の施工に関する技術上のすべての経験をい
い，指導監督的実務経験とは，建設工事の設計または施工の全般について，
工事現場主任者または工事現場監督者のような立場で工事の技術面を総合
的に指導監督した経験をいいます。これらの経験があれば，専任技術者に
なることができます。

Q11の表（56頁）のとおり，実務経験でも専任技術者になることができます。

一般建設業許可の場合は，「所定学科卒業後，3年または5年以上の実務経
験」または「1級・2級の技術検定1次試験合格後（1級・2級の技士補），
3年または5年以上の実務経験」もしくは「10年以上の実務経験」が必要で，
特定建設業許可の場合には，一般建設業の専任技術者となることができる資格
や実務経験に加え，「2年以上の指導監督的実務経験」がある場合に専任技術
者になることができます（指定建設業7業種を除く）。

「実務経験」とは，建設工事の施工に関する技術上のすべての経験をいい，
単に建設工事での雑務のみの経験年数は含まれませんが，建設工事の発注を行
う場合の設計技術者としての設計経験や，現場監督技術者としての監督経験，
土工および見習いとしての経験も実務経験として含めることが可能です。
一方で，建設工事の雑務や事務，営業に関する経験や，保守管理業務や草刈
り，除雪等の業務委託の経験，建設工事を含まない機械の設計・製作・システ
ム開発，船舶の建造または改造に係る経験は，実務経験としては認められない
ため注意が必要です。

経験内容が適切であっても実務経験として認められないものがあります。電

気工事および消防施設工事は，それぞれ電気工事士免状，消防設備士免状等の交付を受けた者等でなければ従事することができない業務があります。そのため，免状がない期間の経験は，実務経験として認められません。また，建設リサイクル法施行後の解体工事に係る経験は，とび・土工工事業許可または建設リサイクル法に基づく解体工事業登録を行っている業者での経験でなければ実務経験として認められません。

「指導監督的実務経験」とは，建設工事の設計または施工の全般について，工事現場主任者または工事現場監督者のような立場で工事の技術面を総合的に指導監督した経験を指します。また指導監督的実務経験として認められる工事は，発注者から直接請け負った建設工事であって，請負金額が4,500万円（税込）以上※の工事に限られます。つまり同じく指導監督的な地位で建設工事の施工に関与した者であっても，発注者の現場監督員や，元請負人から請け負った建設工事での経験は指導監督的実務経験として認められません。

※S59.9.30までの期間の実務経験の場合：1,500万円以上の工事
　S59.10.1～H6.12.27の期間の実務経験の場合：3,000万円（税込）以上の工事

<関連条文等>　● 建設業法第7条（許可の基準）
　　　　　　　● 建設業法第15条（許可の基準）
　　　　　　　● 建設業許可事務ガイドライン【第7条関係】【第15条関係】

Q16

専任技術者の資格要件：所定学科とは何ですか？

A 実務経験で専任技術者になる場合，通常は10年以上の実務経験が求められますが，大学や高校で所定学科を卒業している場合は，実務経験年数が短縮されます。

Q11の表（56頁）のとおり，専任技術者になるためには，一定の国家資格や実務経験が必要となりますが，建設業の種類に応じた所定学科を大学や高校等で卒業している場合には，必要な実務経験年数を短縮することができます。

建設業の種類に応じた所定学科は，許可行政庁の手引きによって確認することができます。参考までに，国土交通省関東地方整備局の手引きをご紹介します。

●所定学科一覧

許可を受けようとする建設業	指定学科
土木工事業 舗装工事業	土木工学（農業土木，鉱山土木，森林土木，砂防，治山，緑地又は造園に関する学科を含む。以下同じ。）都市工学，衛生工学又は交通工学に関する学科
建築工事業 大工工事業 ガラス工事業 内装仕上工事業	建築学又は都市工学に関する学科
左官工事業 とび・土工工事業 石工事業 屋根工事業 タイル・れんが・ブロック工事業 塗装工事業 解体工事業	土木工学又は建築学に関する学科

電気工事業 電気通信工事業	電気工学又は電気通信工学に関する学科
管工事業 水道施設工事業 清掃施設工事業	土木工学，建築学，機械工学，都市工学又は衛生工学に関する学科
鋼構造物工事業 鉄筋工事業	土木工学，建築学又は機械工学に関する学科
しゅんせつ工事業	土木工学又は機械工学に関する学科
板金工事業	建築学又は機械工学に関する学科
防水工事業	土木工学又は建築学に関する学科
機械器具設置工事業 消防施設工事業	建築学，機械工学又は電気工学に関する学科
熱絶縁工事業	土木工学，建築学又は機械工学に関する学科
造園工事業	土木工学，建築学，都市工学又は林学に関する学科
さく井工事業	土木工学，鉱山学，機械工学又は衛生工学に関する学科
建具工事業	建築学又は機械工学に関する学科

【出典：国土交通省関東地方整備局「建設業許可申請・変更の手引き」
(https://www.ktr.mlit.go.jp/ktr_content/content/000827696.pdf)】

　学科名は高校や大学によって異なるため，所定学科一覧と同一の名称でない場合でも，内容や実態が建設業法令施行規則において定められている学科と同程度のものであれば所定学科と認められます。所定学科に該当するかどうかの判断が難しい場合には，申請先の許可行政庁にご確認ください。

　所定学科を卒業した場合に必要な実務経験年数については，次頁の表のとおりです。

●必要な実務経験年数

所定学科を卒業した学校	必要な実務経験年数
①大学	3 年
②高等専門学校	3 年
③専門学校（高度専門士，専門士に限る）	3 年
④専門学校（③以外）	5 年
⑤高等学校	5 年

＜関連条文等＞　●建設業許可第 7 条（許可の要件）
　　　　　　　　●建設業法施行規則第 1 条（国土交通省令で定める学科）

Q17

専任技術者の資格要件：技士補とは何ですか？

A 国土交通大臣の指定試験機関が実施する技術検定試験の第一次検定（学科試験）と第二次検定（実地試験）のうち，第一次検定に合格した者を施工管理技士補（以下，「技士補」）といいます。

Q11の表（56頁）のとおり，専任技術者になるためには，一定の国家資格や実務経験が必要となりますが，技士補の資格を有している場合には，技士補の資格取得後，一定年数以上の実務経験を積むことで専任技術者になることができます（指定建設業7業種および電気通信工事業を除く）。

施工管理技士（以下，「技士」）と技士補の関係は下図のようになっています。

●施工管理技士と技士補

【国土交通省「技術検定制度の見直し」（https://www.mlit.go.jp/tochi_fudousan_kensetsugyo/const/content/001378852.pdf）を加工）】

第一次検定の内容は学科試験で，施工技術のうち基礎となる知識および能力を有するかどうかの判定が行われます。第二次検定の内容が実地試験で，施工技術のうち実務経験に基づいた技術上の管理および指導監督に係る知識および能力を有するかどうかの判定が行われます。

令和3年3月31日までは，技術検定試験の学科試験と実地試験の合格者には「技士」の称号が付与されていました。令和3年4月1日の建設業法の改正により，学科試験は第一次検定へ，実地試験は第二次検定へと再編成が行われ，

第一次検定の合格者には，新たに新設された「技士補」の資格が付与され，第一次検定および第二次検定の合格者には「技士」の資格が付与されることとなりました。そのため「技士補」の資格を有しているのは，令和3年度以降に実施された技術検定試験を受験し，第一次検定に合格した方のみで，令和2年度以前に技術検定試験を受験し，学科試験を合格した方は「技士補」の資格は有しませんので注意が必要です。

技術検定の第一次試験に合格し，「技士補」の資格を取得することで，その技術検定種目に対応する指定学科卒業相当としてみなされます。一級の第一次検定合格者は大学指定学科卒業者，二級の第一次検定合格者は高校指定学科卒業者と同等とみなされます。

●技術検定種目と対応する指定学科の一覧

技術検定種目	同等とみなす指定学科※
土木施工管理・造園施工管理	土木工学
建築施工管理	建築学
電気工事施工管理	電気工学
管工事施工管理	機械工学

※指定学科とは，建設業法施行規則（昭和24年建設省令第14号）第1条に掲げる学科をいい，建築学や土木工学に関する学科等がこれに該当します。

「技士補」の場合には，それぞれの資格で大学または高校の指定学科卒業相当としてみなされるため，「技士」と異なり，申請しようとする建設業許可の業種について一定年数以上の実務経験が必要です。必要な実務経験年数については，下表のとおりです。

●必要な実務経験年数

資格の種類	必要な実務経験年数
一級施工管理技士補	3年
二級施工管理技士補	5年

●技術検定試験の種類および実施機関一覧

検定種目	指定試験機関（問合せ・申込先）	電話番号
土木施工管理 （1級・2級*）	（一財）全国建設研修センター https://www.jctc.jp/	042-300-6860
建築施工管理 （1級・2級*）	（一財）建設業振興基金 https://www.kensetsu-kikin.or.jp/	03-5473-1581
電気工事施工管理 （1級・2級）	（一財）建設業振興基金 https://www.kensetsu-kikin.or.jp/	03-5473-1581
管工事施工管理 （1級・2級）	（一財）全国建設研修センター https://www.jctc.jp/	042-300-6855
造園施工管理 （1級・2級）	（一財）全国建設研修センター https://www.jctc.jp/	042-300-6866
建設機械施工管理 （1級・2級*）	（一社）日本建設機械施工協会 https://jcmanet.or.jp/	03-3433-1575
電気通信工事施工管理 （1級・2級）	（一財）全国建設研修センター https://www.jctc.jp/	042-300-0205

＊2級土木は「土木」「鋼構造物塗装」「薬液注入」，2級建築は「建築」「躯体」「仕上げ」の3種別に
　それぞれ分かれています。
＊2級建設機械は「第1種」〜「第6種」の6種別に分かれています。

【出典：国土交通省　技術検定試験について（https://www.mlit.go.jp/tochi_fudousan_kensetsugyo/const/tochi_fudousan_kensetsugyo_const_fr1_000001_00025.html）】

　　　　<関連条文等>　　●建設業法第7条（許可の基準）
　　　　　　　　　　　　●建設業法第15条（許可の基準）
　　　　　　　　　　　　●建設業法施行規則第7条の3（法第7条第2号ハの知
　　　　　　　　　　　　　識及び技術又は技能を有するものと認められる者）

Q18

経営業務の管理責任者や専任技術者の国土交通大臣認定とは何ですか？

A 「経営業務の管理責任者としての経験」や「専任技術者としての要件」は原則として日本国内での経験や学歴，国家資格を前提としていますが，例外的に，外国での役員経験や資格であっても認めてもらえる場合があります。それが「国土交通大臣認定」です。

「経営業務の管理責任者としての経験」や「専任技術者としての要件」について国土交通大臣認定を受ける場合，日本国内での経験等を前提とした経営業務の管理責任者，専任技術者等と「同等以上の能力を有する」旨の認定を受けることとなります。この大臣認定の制度は，対象者は日本人・外国人を問わず，実務経験は日本企業・外国企業を問わないという汎用性の高い制度となっています。

　例えば，日本企業での役員経験だけでは経営業務の管理責任者の要件を満たさないが，外国企業での役員経験を含めると要件を満たす場合や，日本国内での実務経験はないが，外国での実務経験や資格を有している場合には，外国での経験や資格を認めてもらうため，国土交通大臣に認定申請を行います。大臣認定が下りると，その認定に応じて，経営業務の管理責任者や専任技術者になることができます。

　例えば，経営業務の管理責任者に関して，外国での役員経験について大臣認定を受ける場合は，次の書類を用意する必要があります。

①認定申請書【別紙様式１】
②認定を受けようとする者の履歴書
③常勤役員等（経営業務の管理責任者等）証明書【別紙様式２】

④役員就任・退任議事録または会社登記簿謄本

⑤会社組織図

⑥建設工事を施工した契約書の写し

⑦会社概要資料（パンフレット，建設業許可証の写し，会社登記簿謄本等）

　外国での経験を証明するとなれば，当然外国の文書が必要となります。外国の経験と日本での経験を通算して申請する場合は，日本での経験に係る確認資料も必要です。また，外国語の書類については，日本語に翻訳し，翻訳の公証をする必要があります。

　申請の流れは，次のとおりです。大臣認定申請には，外国の資料を取り寄せ，外国語の資料を翻訳・公証する必要があり，認定に必要な申請書類の準備に数カ月時間を要することもありますので，申請には時間に余裕をもって早めの準備が必要です。準備ができた申請書は国土交通省（不動産・建設経済局国際市場課）に直接提出します。

●**申請の流れ**

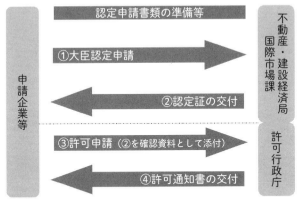

【出典：国土交通省「大臣認定申請の方法について」
(https://www.mlit.go.jp/common/001423623.pdf)】

　　<関連条文等> ●建設業法第7条（許可の要件）
　　　　　　　　　　●建設業法施行規則第7条（法第七条第一号の基準）
　　　　　　　　　　●建設業法施行規則第7条の3（法第七条第二号ハの知識
　　　　　　　　　　　及び技術又は技能を有するものと認められる者）

Q19

1人で複数の業種の専任技術者になることはできますか？

A 専任技術者となろうとする者が，複数の業種の専任技術者としての資格要件を満たしている場合には，1人で複数の業種の専任技術者となることができます。

例えば，1人で一級土木施工管理技士と一級建築施工管理技士の資格を有している場合などは，土木工事業と建築工事業等の複数の業種の専任技術者としての資格要件を満たしています。このような場合には，1人で複数の業種の専任技術者になることができます。

ただし，専任技術者はその営業所に専任が求められるため，複数の営業所の専任技術者を1人で担当することはできません。

仮に，下表の場合，甲のように，A営業所の1カ所のみで，土木工事業と建築工事業の2業種について専任技術者になることは問題ありません。資格要件を満たしていれば，何業種であっても専任技術者になることができます。一方，乙のように，B営業所とC営業所の2カ所以上において，専任技術者になることは認められていません。

可否	専任技術者	営業所	土木工事業	建築工事業
○	甲	A営業所	○	○
×	乙	B営業所	○	
		C営業所		○

＜関連条文等＞　●建設業許可事務ガイドライン【第7条関係】

Q20

監理技術者資格者証とは何ですか？

A 一般財団法人建設業技術者センター（https://www.cezaidan.or.jp/）が交付する資格者証で，それを保有する技術者が監理技術者としての資格を有していることを示すものです。

監理技術者とは，発注者から直接請け負った建設工事について，下請契約の総額が4,500万円（税込）（建築一式工事は7,000万円（税込））以上になる場合に，当該工事現場に専任で配置される，施工の技術上の管理をつかさどる技術者のことです。

監理技術者資格者証とは，監理技術者の資格を有する技術者が，（一財）建設業技術者センターに申請することで，審査基準の適合が認められた場合に交付される資格者証です。

資格の有無については，監理技術者資格者証で確認することができます。表面の「建設の種類」の欄に「土建大左と石屋……」と29業種記載されていますが，その下部の「有・無」の欄に「1」と記載のある業種については，資格を有していることを表し，「0」と記載のある業種については，資格がないことを表します。

監理技術者として建設工事に専任で配置される場合は，監理技術者資格者証の交付を受け，かつ，監理技術者講習を修了していることが必要です。工事現場においては監理技術者証の携帯が義務づけられ，発注者の請求があったときは提示しなければなりません。なお，監理技術者の配置が必要な工事は，公共工事，民間工事を問わず，個人住宅を除くほとんどの工事で監理技術者の専任が必要です。

●監理技術者資格者証の見本

※平成28年6月1日より，監理技術者資格者証と監理技術者講習修了証は統合

※講習修了者が資格者証裏面に修了履歴ラベルを貼付または，資格者証更新時等に修了情報を確認
　出来た場合は，監理技術者資格者証の裏面に，修了履歴が印字されることになります。

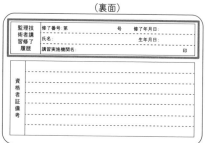

【出典：国土交通省中部地方整備局「建設業法に基づく適正な施工の確保に向けて」
(https://www.cbr.mlit.go.jp/kensei/info/qa/pdf/R0501/R0501_000_
tekiseinasekounokakuho.pdf)】

　なお，監理技術者講習は（一財）建設業技術者センターではなく，下表の国土交通省の登録を受けた監理技術者講習実施機関によって開催されていますので，実施機関に申込みをして講習を受講する必要があります。

●監理技術者講習の実施機関一覧

登録番号	機関の名称	法人番号	事務所の所在地	電話番号	初回登録日
1	（一財）全国建設研修センター	7012705001694	東京都小平市喜平町2-1-2	042-300-1741	平成16年6月30日
2	（一財）建設業振興基金	2010405010376	東京都港区虎ノ門4-2-12	03-5473-1586	平成16年6月30日
5	（一社）全国土木施工管理技士会	1010005018721	東京都千代田区五番町6-2	03-3262-7423	平成16年7月30日
7	（株）総合資格	2011101011412	東京都新宿区西新宿1-26-2	03-3340-3081	平成16年10月28日
10	（株）日建学院	9013301021795	東京都豊島区池袋2-38-2	03-3988-1175	平成23年1月13日
12	（公社）日本建築士会連合会	5010405010407	東京都港区芝5-2-20	03-3456-2061	平成27年6月22日

【出典：国土交通省「監理技術者講習の実施機関一覧」
(https://www.mlit.go.jp/totikensangyo/const/1_6_bt_000094.html)】

　＜関連条文等＞　●建設業法第26条（主任技術者及び監理技術者の設置等）

Q21

他社からの出向者を，経営業務の管理責任者や専任技術者にすることはできますか？

A 他社からの出向者であっても，常勤性や専任性がある場合は，経営業務の管理責任者・専任技術者になることができます。

出向には，①在籍出向，②移籍出向（転籍出向）の2つの種類があります。

①在籍出向：
　　出向元との労働契約関係を維持したまま，出向先との間においても新たな雇用契約を締結し，一定期間継続的に勤務する形態です。
②移籍出向（転籍出向）：
　　出向元との労働契約関係を解消し，新たに出向先との間で雇用契約を締結させ，一定期間継続的に勤務する形態です。

● 「在籍出向」と「移籍出向」

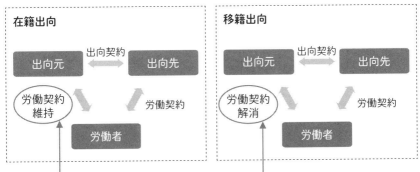

在籍出向：出向元と労働者間の関係は「労働契約」が維持される
移籍出向：出向元と労働者間の関係は「労働契約」が解消される

【出典：佐賀県産業労働部　出向早わかりガイドブック　(https://jsite.mhlw.go.jp/saga-roudoukyoku/content/contents/001140992.pdf)】

経営業務の管理責任者と専任技術者に求められているのは，常勤性や専任性です。所属建設業者との間で直接的な雇用関係を必要とする規定はありません。したがって，建設業者との間で直接的な雇用関係がある場合はもちろんのこと，常勤性や専任性が認められれば，出向者であっても経営業務の管理責任者や専任技術者となることが可能です。

　「移籍出向（転籍出向）」の場合には，出向先に籍を移動させるため，転職と同様で，出向先の建設業者との間で直接的な雇用関係が生まれます。そのため，健康保険の加入有無や居所と営業所の距離等，通常の方法で常勤性を判断されます。
　一方，「在籍出向」の場合は，出向元に籍を置いたまま出向先の従業員として業務を行うことになるため，出向先での常勤性の確認には出向契約の内容も加味されます。出向期間・給与の支払状況・社会保険の適用等，複数の点から常勤性の確認が判断されます。
　常勤性の確認資料については，許可行政庁によって異なりますが，一般的には出向者の健康保険被保険者証（出向元の会社名が記載されているもの）と出向契約書などで確認されることとなります。

建設業許可事務ガイドライン【第7条関係】
２．専任技術者について（第2号）
（1）「専任」の者とは，その営業所に常勤（テレワークを行う場合を含む。）して専らその職務に従事することを要する者をいう。会社の社員の場合には，その者の勤務状況，給与の支払状況，その者に対する人事権の状況等により「専任」か否かの判断を行い，これらの判断基準により専任性が認められる場合には，いわゆる出向社員であっても専任技術者として取り扱う。

　　　＜関連条文等＞　　●建設業許可事務ガイドライン【第7条関係】

Q22

経営業務の管理責任者と専任技術者は兼務することができますか？

A 経営業務の管理責任者と専任技術者は同一人物で兼務することが可能です。

　経営業務の管理責任者は常勤役員（個人である場合は本人または支配人）であることが求められています。一方で専任技術者は，その営業所に常勤で一定の資格や実務経験があれば，役員でも従業員でも専任技術者になることができます。専任技術者には経営業務の管理責任者のように一定の地位（役職）にあることが求められていません。

　したがって，主たる営業所に常勤する役員が経営業務の管理責任者の要件を満たし，一定の国家資格を有する等，専任技術者の要件も満たしている場合は，経営業務の管理責任者と専任技術者を兼務することができます。

　建設業法上でいう「常勤」とは，原則として勤務しない日を除き一定の計画の下に毎日所定の時間中その職務に従事していることをいいます。そのため，複数の会社に所属し，いずれも常勤という状態は認められません。また，常勤する営業所は，経営業務の管理責任者は主たる営業所であり，専任技術者はそれぞれ登録された担当の営業所（主たる営業所または従たる営業所）となります。

　専任技術者には常勤性の他に，営業所での専任性も求められます。専任技術者は，建設業を営む営業所ごとに配置が必要で，主たる営業所の専任技術者が他の従たる営業所の専任技術者を兼務することはできません。そのため本店以外にも複数の支店等（「営業所」に該当するものに限る）がある建設業者の場合，専任技術者はその本店・支店等ごと，許可業種ごとに複数名必要ということになります。

したがって経営業務の管理責任者と専任技術者が兼務できるのは，主たる営業所に登録される専任技術者に限ります。常勤性・専任性の問題から，その建設業者の常勤役員であっても，従たる営業所の専任技術者である場合には，経営業務の管理責任者を兼務することはできません。同様に経営業務の管理責任者である者が従たる営業所の専任技術者を兼務することもできません。

　　　　＜関連条文等＞　　●建設業法第５条（許可の申請）
　　　　　　　　　　　　　●建設業法第７条（許可の基準）
　　　　　　　　　　　　　●建設業許可事務ガイドライン【第５条及び第６条関係】
　　　　　　　　　　　　　【第７条関係】

Q23

建設業許可の要件：④財産的基礎または金銭的信用とは何ですか？

A 　建設業許可の要件の１つに「財産的基礎または金銭的信用があること（財産的基礎等）」という要件があり，一般建設業許可と特定建設業許可で要件が異なります。

　財産的基礎等の要件は，一般建設業許可と特定建設業許可で異なり，特定建設業許可の方が厳しい要件となっています。特定建設業者は，多くの下請負人を使用して建設工事を施工するため，下請業者への支払いが滞ることがないよう財務の健全性が求められています。建設業法施行令では，発注者との間の請負契約で請負代金の額が8,000万円（税込）以上であるものを履行するに足りる財産的基礎を有することと規定されていますが，具体的には下表のとおりです。

●**財産的基礎等の要件**

一般建設業の許可を受ける場合	特定建設業の許可を受ける場合
次の**いずれか**に該当すること	次の**すべて**に該当すること
①自己資本の額が500万円以上であること	①欠損の額が資本金の額の20％を超えていないこと
②500万円以上の資金を調達する能力を有すること	②流動比率が75％以上であること
③許可申請直前の過去５年間許可を受けて継続して営業した実績を有すること	③資本金の額が2,000万円以上であり，かつ，自己資本の額が4,000万円以上であること

【出典：国土交通省関東地方整備局「建設業許可申請・変更の手引き」
(https://www.ktr.mlit.go.jp/ktr_content/content/000827696.pdf)】

　一般建設業許可の場合は，表の①～③のいずれかに該当すれば要件を満たしますが，特定建設業許可の場合は，表の①～③のすべてに該当する必要があり

ます。既存の企業では申請時の直前の決算期における財務諸表で，新規設立の企業では，創業時における財務諸表で判断をします。

　特定建設業許可の場合，直前の決算期または創業時の資本金の額が2,000万円未満であったとしても，申請日までに増資を行うことで資本金を2,000万円以上とし，財産的基礎のすべての要件を満たすことになる場合には，財産的基礎の要件を満たすものとして取り扱われます。この場合，増資の時点ではなく，直前の決算期において資本金の額を除くすべての財産的基礎の要件を満たしている必要がありますので，注意が必要です。

　財産的基礎の要件が確認されるのは，「許可申請」のタイミングで，新規申請・更新申請・業種追加申請の際に確認が行われます。したがって，建設業許可取得後に財産的基礎等の要件を満たさなくなったとしても，すぐに建設業許可がなくなるわけではありません。

　一般建設業許可の場合，財産的基礎の要件として「③許可申請の直前の過去5年間許可を受けて継続して営業した実績を有すること」という要件があるため，許可取得後5年を経過した場合には，許可申請の際に財産的基礎等の要件の確認は行われないため，①②の要件を満たしていなかったとしても，更新をすることができます。

　一方，特定建設業許可の場合，更新申請を行う直前の決算期において，財産的基礎等の要件を満たしていれば，特定建設業許可の更新をすることができます。逆に，直前の決算において要件を満たしていない場合は，更新をすることはできず，建設業許可を維持するためには，許可期限が到来する前に般特新規申請を行い，特定建設業許可を一般建設業許可に変更する必要があります。

●財産的基礎等の用語の解説

自己資本の額	法人にあっては，貸借対照表における純資産合計の額をいいます。個人にあっては，期首資本金，事業主借勘定および事業主利益の合計額から事業主貸勘定の額を控除した額に負債の部に計上されている利益保留性の引当金および準備金の額を加えた額をいいます。
500万円以上の資金を調達する能力	担保とすべき不動産等を有していること等により，金融機関等から500万円以上の資金について，融資を受けられる能力をいいます。具体的には，取引金融機関の融資証明書，預金残高証明書等により確認します。
欠損の額	法人にあっては，貸借対照表の繰越利益剰余金が負である場合に，資本剰余金，利益準備金およびその他の利益剰余金の合計額を上回る額をいいます。個人にあっては，事業主損失が事業主借勘定の額から事業主貸勘定の額を控除した額に，負債の部に計上されている利益留保性の引当金および準備金を加えた額を上回る額をいいます。
流動比率	流動資産を流動負債で除して得た数値に100を乗じた数をいいます。計算式にすると，流動比率＝流動資産÷流動負債×100です。
資本金	法人にあっては株式会社の払込資本金，持分会社等の出資金額をいいます。個人にあっては期首資本金をいいます。
自己資本	法人にあっては，貸借対照表における純資産合計の額をいいます。個人にあっては，期首資本金，事業主借勘定および事業主利益の合計額から事業主貸勘定の額を控除した額に，負債の部に計上されている利益留保性の引当金および準備金の額を加えた額をいいます。

```
＜関連条文等＞   ●建設業法第15条（許可の基準）
               ●建設業法施行令第5条の3（法第十五条第三号の金額）
               ●建設業許可事務ガイドライン【第15条関係】
```

Q24

建設業許可を取得するために加入しなければいけない保
険は何ですか？

A 法令上加入が義務づけられている社会保険等には加入していなけれ
ばなりません。具体的には健康保険・厚生年金保険・雇用保険の3つです。
ただし法人や個人の別，常用の労働者数，労働者の雇用形態によって，加
入すべき社会保険等が異なります。

　建設業許可の要件の1つに「適切な経営体制を有していること」という要件
があります。この要件には，社会保険の加入に関する要件があり，法令上加入
が義務づけられている保険（適切な保険）に加入していない者は，適法に建設
業を営んでいる者とはいうことができず，建設業許可を取得または維持するこ
とができません。

　適切な保険の範囲は次頁の表により確認することができます。

●適切な保険について

所属する事業所		就労形態	雇用保険	医療保険 (いずれか加入)	年金保険	「下請指導ガイドライン」における「適切な保険」の範囲
事業所の形態	常用労働者の数					
法 人	1人~	常用労働者	雇用保険※2	・協会けんぽ ・健康保険組合 ・適用除外承認を受けた国民健康保険組合（建設国保等）※1	厚生年金	3保険
	－	役員等	－	・協会けんぽ ・健康保険組合 ・適用除外承認を受けた国民健康保険組合（建設国保等）※1	厚生年金	医療保険及び年金保険
個人事業主	5人~	常用労働者	雇用保険※2	・協会けんぽ ・健康保険組合 ・適用除外承認を受けた国民健康保険組合（建設国保等）※1	厚生年金	3保険
	1人~4人	常用労働者	雇用保険※2	・国民健康保険 ・国民健康保険組合（建設国保等）	国民年金	雇用保険 (医療保険と年金保険については個人で加入)
	－	事業主，一人親方	－	・国民健康保険 ・国民健康保険組合（建設国保等）	国民年金	(医療保険と年金保険については個人で加入)※3

※1 年金事務所において健康保険の適用除外の承認を受けることにより，国民健康保険組合に加入する。（この場合は，協会けんぽに加入し直す必要は無い。）
適用除外承認による国民健康保険組合への加入手続については日本年金機構のホームページを参照。
(http://www.nenkin.go.jp/service/seidozenpan/yakuwari/20150518.files/0703.pdf)
※2 週所定労働時間が20時間以上等の要件に該当する場合は常用であるか否かを問わない。
※3 但し，一人親方は請負としての働き方をしている場合に限る（詳しくは，一人親方「社会保険加入にあたっての判断事例集」参照）

【出典：国土交通省「社会保険の加入に関する下請指導ガイドライン」における「適切な保険」について（https://www.mlit.go.jp/common/001242518.pdf）】

　例えば，法人で1人以上の常用労働者がいる場合は，健康保険，厚生年金保険，雇用保険の3保険に加入していなければ建設業許可を取得することはできません。

　　　　　＜関連条文等＞　●建設業法施行規則第7条（法第七条第一号の基準）

Q25

建設業を営業するにあたり，建設業許可の他に必要な許認可はありますか？

A 代表的なものとして「電気工事業者の登録」「解体工事業者の登録」「産業廃棄物収集運搬業許可」「宅地建物取引業免許」「建築士事務所登録」があります。

建設業に関連する許認可は多々ありますが，代表的なものとして次の許認可が挙げられます。下表に該当する事業を行う場合には，建設業許可だけでなく，それぞれの許認可の取得をしなければなりませんので注意が必要です。

● 建設業に関連する代表的な許認可一覧

許認可の種類	必要となる場合
①電気工事業登録	電気工事業を営もうとするとき
②解体工事業登録	解体工事業を営もうとするとき ※建設業許可（土木・建築・解体）を受けた場合を除く
③（特別管理）産業廃棄物収集運搬業許可	（特別管理）産業廃棄物の収集または運搬を業として行おうとするとき
④宅地建物取引業免許	宅地建物取引業を営もうとするとき ※宅地建物取引業とは，宅地もしくは建物の売買もしくは交換または宅地もしくは建物の売買，交換もしくは賃貸の代理もしくは媒介をする行為で業として行うもの
⑤建築士事務所登録	他人の求めに応じ報酬を得て，設計，工事監理，建築工事契約に関する事務等を行うことを業として行おうとするとき

①電気工事業登録と③（特別管理）産業廃棄物収集運搬業許可について，より詳しくご説明します。

■ 電気工事業登録について（①）

　一般用電気工作物または一般用電気工作物および自家用電気工作物に係る電気工事を自ら施工し電気工事業を営む場合には，「電気工事業の業務の適正化に関する法律」に基づき，経済産業大臣または都道府県知事の登録を受けなければいけません。この登録を行った業者は「登録電気工事業者」となり，その中でも建設業許可（許可の業種は問いません）を受けた建設業者が電気工事業登録を受けた場合には，「みなし登録電気工事業者」となります。

　電気工事業の登録が必要となるのは「自ら施工」する場合であり，元請負人として電気工事を受注したが，下請負人に発注し施工させる場合には，自ら施工していることにならないため，登録は不要です。ただし，建設業法で禁止されている一括下請負にならないよう注意が必要です。

■ （特別管理）産業廃棄物収集運搬業許可について（③）

　建設工事現場で発生した廃棄物の処理責任は排出事業者（元請業者）にあります。排出事業者である元請業者が自身で産業廃棄物を運搬する場合について許可は不要ですが，元請業者が廃棄物の運搬を他社に委託する場合には，「（特別管理）産業廃棄物収集運搬業許可」を持っている運搬業者に依頼する必要があります。

　元請業者が下請業者に廃棄物の運搬を委託する場合，下請業者は原則として（特別管理）産業廃棄物収集運搬業許可が必要です。ただし，例外的に小規模な維持修繕工事等においては，一定の条件のもとに下請業者が許可なく廃棄物を運搬することができます。

- 500万円以下の維持修繕工事（新築，増築，解体を除く），500万円以下相当の瑕疵工事
- 1回の運搬が1㎡以下
- 特別管理産業廃棄物を除く
- 運搬途中に保管を行わない
- 運搬先は工事現場と同一県内または隣接する県内で，元請業者の指定する場所等
- 必要事項を記載した書面と，請負契約書の写しの携行

<関連条文等>　●電気工事業の業務の適正化に関する法律第3条（登録）
　　　　　　　●建設工事に係る資材の再資源化等に関する法律第21条
　　　　　　　　（解体工事業者の登録）
　　　　　　　●廃棄物の処理及び清掃に関する法律第14条（産業廃棄
　　　　　　　　物処理業）
　　　　　　　●廃棄物の処理及び清掃に関する法律第14条の4（特別
　　　　　　　　管理産業廃棄物処理業）
　　　　　　　●廃棄物の処理及び清掃に関する法律第21条の3（建設
　　　　　　　　工事に伴い生ずる廃棄物の処理に関する例外）
　　　　　　　●宅地建物取引業法第3条（免許）
　　　　　　　●建築士法第23条（登録）

お客様を見極める

急ぎで建設業許可を取得したいとお問合せをいただいたお客様（B社）。早速訪問し，総務担当取締役（乙取締役）の方と面談をしました。

乙取締役曰く「報酬はしっかり支払うので，とにかく急ぎで」とのことだったので，建設業許可のご説明もほどほどに，建設業許可の要件について，要件を満たすか1つずつ確認をしていきました。こちらから話をするなかで，乙取締役の方が欠格要件に関して気にされている様子であることを感じました。

「誰か1人でも欠格要件に該当するとだめなのか？」
「欠格要件に該当するとどうなるのか？」
「許可取消しされたら，すぐには建設業許可を取得できないのか？」

新規許可取得時に欠格要件のことを細かく気にする方はあまりいないので，違和感があり，「御社で過去に何かありました？」とお聞きしたところ，乙取締役は言葉を濁す様子で何かを隠しているように感じられました。虚偽申請のリスクもあるため，「隠さずに正直にお話しいただきたい」ということをお伝えしたところ，乙取締役からようやくお話しをいただくことができました。

実は，B社の社長が，面談の数カ月前に脱税で有罪判決を受けていたのです。面談時にはすでに取締役から辞任されていましたが，

当社で対応するか一旦持ち帰らせていただくことにして，面談を終了しました。乙取締役は，その事実を黙ったまま進めたいとお考えだったようです。

　結局，B社は建設業許可の欠格要件には該当していませんでしたが，当社としては依頼をお断りしました。行政書士は行政書士法で依頼に応ずる義務が定められていますが，今回のケースでは，脱税事件を起こしたり，事実を隠したまま依頼をして申請を通そうとするB社の企業体質から，信頼関係の構築が難しいと判断してお断りをさせていただきました。

　仕事ほしさに受任を急いでしまうと，リスクのある仕事を受任してしまうかもしれません。行政書士として永く続けていくためには，信頼関係を構築できるお客様を増やしていくことが大事です。お客様を見極めるため，初回の面談でじっくりと丁寧に，さまざまな角度から話を聞いてみましょう。

CHAPTER

3

申請書類の作成

Q1

新規申請を行う場合に作成しなければならない書類は何ですか？

A 建設業許可の新規申請を行う際には，申請者が建設業許可の要件を満たしており，建設業を営むに足る体制を有していることを，許可行政庁に証明するための申請書類を作成しなければなりません。

建設業許可新規申請を行うにあたり，作成が必要な書類は主に下表のとおりです。

●許可申請に必要となる書類の一覧

様式番号	書 類 の 名 称	要○否× 法人	個人
第1号	建設業許可申請書	○	○
別紙1	役員等の一覧表	○	×
別紙2（1）	営業所一覧表（新規許可等）	○	○
別紙2（2）	営業所一覧表（更新）	○	○
別紙3	収入印紙，証紙，登録免許税領収証書又は許可手数料領収証書はり付け欄	○	○
別紙4	専任技術者一覧表	○	○
第2号	工事経歴書	○	○
第3号	直前3年の各事業年度における工事施工金額	○	○
第4号	使用人数	○	○
第6号	誓約書	○	○
－	成年被後見人及び被保佐人に該当しない旨の登記事項証明書　※1	○	○
－	成年被後見人又は被保佐人とみなされる者に該当せず，また，破産者で復権を得ないものに該当しない旨の市町村の長の証明書　※2	○	○
第7号	常勤役員等（経営業務の管理責任者等）証明書	○	○

別紙	常勤役員等の略歴書	○	○
第7号の2	常勤役員等及び当該常勤役員等を直接に補佐する者の証明書	○	○
別紙1	常勤役員等の略歴書	○	○
別紙2	常勤役員等を直接に補佐する者の略歴書	○	○
第7号の3	健康保険等の加入状況	○	○
第8号	専任技術者証明書（新規・変更）	○	○
－	技術検定合格証明書等の資格証明書	○	○
第9号	実務経験証明書（必要に応じて卒業証明書を添付）	○	○
第10号	指導監督的実務経験証明書	○	○
第11号	建設業法施行令3条に規定する使用人の一覧表	○	○
第12号	許可申請者（法人の役員等・本人・法定代理人・法定代理人の役員等）の住所，生年月日等に関する調書 ※3	○	○
第13号	建設業法施行令第3条に規定する使用人の住所，生年月日等に関する調書	○	○
－	定款	○	×
第14号	株主（出資者）調書	○	×
第15号	貸借対照表	○	×
第16号	損益計算書・完成工事原価報告書	○	×
第17号	株主資本等変動計算書	○	×
第17号の2	注記表	○	×
第17号の3	附属明細表	※4	×
第18号	貸借対照表	×	○
第19号	損益計算書	×	○
－	登記事項証明書	○	※5
第20号	営業の沿革	○	○
第20号の2	所属建設業者団体	○	○
－	納税証明書（納付すべき額及び納付済額）	○	○
第20号の3	主要取引金融機関名	○	○

※1 「相談役」，「顧問」については，提出を求めません。
※2 「相談役」，「顧問」については，提出を求めません。
※3 「相談役」，「顧問」については，「賞罰」の欄への記載を求めません。
※4 附属明細表については特例有限会社を除く株式会社のうち，以下のいずれかに該当する者が提出します。ただし，金融商品取引法（昭和23年法律第25号）第24条に規定する有価証券報告書の提出会社にあっては，有価証券報告書の写しの提出をもって附属明細表の提出に代えることができます。

①資本金の額が１億円超であるもの
②最終事業年度に係る貸借対照表の負債の部に計上した額の合計額が200億円以上であるもの
※5　個人で申請する場合，原則不要です。ただし，屋号や支配人の登記がある場合には提出が必要
　　です。

【注１】　許可の更新，業種を追加する場合や申請の内容により，省略可能又は提出不要の書類や上記
　　　　　の書類以外にも記載内容の確認のため提示又は提出を求める場合がありますので，詳細につい
　　　　　ては提出窓口にご照会下さい。

【国土交通省「許可申請書及び添付書類（記載要領あり）」から加工
（https://www.mlit.go.jp/totikensangyo/const/content/001483357.pdf）】

　なお申請内容によって，作成が不要になる書類があります。申請書類の順番
や記載方法，提出部数も許可行政庁によって異なり，許可行政庁独自の書類が
必要な場合もありますので，詳しくは申請を行う許可行政庁にご確認ください。

　　　　　＜関連条文等＞　●建設業法第５条（許可の申請）
　　　　　　　　　　　　　●建設業法第６条（許可申請書の添付書類）
　　　　　　　　　　　　　●建設業法施行規則第２条（許可申請書及び添付書類
　　　　　　　　　　　　　　の様式）
　　　　　　　　　　　　　●建設業法施行規則第３条（法第六条第一項第五号の
　　　　　　　　　　　　　　書面）
　　　　　　　　　　　　　●建設業法施行規則第４条（法第六条第一項第六号の
　　　　　　　　　　　　　　書類）

Q2

新規申請を行う場合に必要な証明書類は何ですか？

A 新規申請を行うために取得が必要な証明書類には，法人の場合，履歴事項全部証明書や納税証明書などがあります。

新規申請を行うために取得が必要な証明書類は主に下表のとおりです。

●新規申請に必要な証明書類一覧

項番	書類名	新規	
		法人	個人事業主
1	履歴事項全部証明書	○	—※
2	国土交通大臣許可：法人税の納税証明書 都道府県知事：事業税の納税証明書	○	○
3	身分証明書	○	○
4	後見等登記事項証明書（登記されていないことの証明書）	○	○

※個人事業主の場合で，支配人登記を行っている場合には必要

ただし許可行政庁によっては，これらの書類以外についても必要書類として求められる場合がありますので，詳しくは申請を行う許可行政庁にご確認ください。

<関連条文等> ●建設業法第6条（許可申請書の添付書類）
●建設業法施行規則第4条（法第六条第一項第六号の書類）

Q3
履歴事項全部証明書の取得方法を教えてください。

A 日本全国にあるすべての登記所（法務局）で取得することができます。

　履歴事項全部証明書とは，登記簿に記載されている事項を証明するもので，現在の記載事項に加えて，証明書の交付請求があった日から3年前の日の属する年の1月1日から請求の日までの間に抹消された事項が記載されています。本証明書では，「商号」「本店所在地」「設立年月日」「目的」「資本金の額」「役員に関する事項」等を確認することができます。

　履歴事項全部証明書は，日本全国にあるすべての登記所（法務局）で誰でも取得が可能で，窓口での請求だけでなく，郵送での取得や手数料を電子納付することでオンラインでの取得（受取りは郵送・窓口）も可能です。ただし，コンピュータで管理されていない昔の登記簿謄本については，会社等の本店または支店の所在地を管轄する登記所（法務局）でしか取得ができませんので，注意が必要です。

　行政書士が代理で建設業許可申請手続きを行う場合には，取得書類の誤りを防ぐためにも履歴事項全部証明書はお客様に代わって取得するのがよいでしょう。

●履歴事項全部証明書手数料一覧

区分	申請方法	手数料
履歴事項全部証明書	書面請求・窓口／郵送受取	600円
	オンライン請求・郵送受取	500円
	オンライン請求・窓口受取	480円

●登記事項証明書交付申請書の記載例

会社法人用	登記事項証明書 登記簿謄抄本 交付申請書 概要記録事項証明書

※ 太枠の中に書いてください。

（地方）法務局　　　　支局・出張所　　　　　　年　月　日　申請

窓口に来られた人 （申請人）	住　所	東京都千代田区九段南一丁目1番15号	収入印紙欄
	フリガナ	コウノ　タロウ	
	氏　名	甲野太郎	
商号・名称 （会社等の名前）		法務商事株式会社	収　入 印　紙
本店・主たる事務所 （会社等の住所）		東京都千代田区霞ヶ関一丁目1番1号	
会社法人等番号		0101-01-000001	収　入 印　紙

※　必要なものの□にレ印をつけてください。　　　　※分かっている場合には、記載してください

請　　　求　　　事　　　項	請求通数
①全部事項証明書（謄本） ☑　履歴事項証明書（閉鎖されていない登記事項の証明） ※現に効力がある登記事項に加えて、当該証明書の交付の請求があった日の3年前の日の属する年の1月1日から請求があった日までの間に抹消された事項等を記載したものです。 □　現在事項証明書（現在効力がある登記事項の証明） □　閉鎖事項証明書（閉鎖された登記事項の証明） ※当該証明書の交付の請求があった日の3年前の属する年の1月1日よりも前に抹消された事項等を記載したものです。	1 通
②一部事項証明書（抄本）　※ **必要な区を選んでください。** □　履歴事項証明書　　　□　株式・資本区 □　現在事項証明書　　　□　目的区 □　閉鎖事項証明書　　　□　役員区 　　　　　　　　　　　　□　支配人・代理人区 ※商号・名称区及び会社・法人状態区はどの請求にも表示されます。 ※2名以上の支配人・参事等がいる場合で、その一部の者のみを請求するときは、その支配人・参事等の氏名を記載してください。 （氏名　　　　　　　　　　　　） □　その他（　　　　　　　　　　　　　）	通
③□代表者事項証明書　　（代表権のある者の証明） ※2名以上の代表者がいる場合で、その一部の者の証明のみを請求するときは、その代表者の氏名を記載してください。(氏名　　　　　　　）	通
④コンピュータ化以前の閉鎖登記簿の謄抄本 □　コンピュータ化に伴う閉鎖登記簿謄本 □　閉鎖謄本（　　　年　月　日閉鎖） □　閉鎖役員欄（　　　年　月　日閉鎖） □　その他（　　　　　　　　　　　　　）	通
⑤概要記録事項証明書 □　現在事項証明書（動産譲渡登記事項概要ファイル） □　現在事項証明書（債権譲渡登記事項概要ファイル） □　閉鎖事項証明書（動産譲渡登記事項概要ファイル） □　閉鎖事項証明書（債権譲渡登記事項概要ファイル） ※請求された登記記録がない場合には、記録されている事項がない旨の証明書が発行されます。	通

収入印紙は割印をしないでここに貼ってください。
（登記印紙も使用可能）

交 付 通 数	交 付 枚 数	手　数　料	受 付・交 付 年 月 日

（乙号・6）

【出典：法務局　登記事項証明書（商業・法人登記）・印鑑証明書等の交付請求書の様式　登記事項証明書記載例（https://houmukyoku.moj.go.jp/homu/content/001188554.pdf）】

●会社等の本店または支店の所在地を管轄する登記所

旭川地方法務局

札幌法務局

函館地方法務局

釧路地方法務局

那覇地方法務局

秋田地方法務局

青森地方法務局

山形地方法務局
新潟地方法務局

盛岡地方法務局
仙台法務局

前橋地方法務局
長野地方法務局

福島地方法務局

富山地方法務局
金沢地方法務局
福井地方法務局

宇都宮地方法務局

京都地方法務局
神戸地方法務局
岡山地方法務局

鳥取地方法務局
松江地方法務局

水戸地方法務局

さいたま地方法務局

千葉地方法務局

広島法務局
山口地方法務局

東京法務局
横浜地方法務局

佐賀地方法務局
福岡法務局

甲府地方法務局
静岡地方法務局

岐阜地方法務局

大津地方法務局
奈良地方法務局
大阪法務局
和歌山地方法務局

名古屋法務局
津地方法務局

徳島地方法務局
高松法務局
高知地方法務局
松山地方法務局

鹿児島地方法務局
熊本地方法務局
長崎地方法務局

大分地方法務局
宮崎地方法務局

【出典：法務局　管轄のご案内　(https://houmukyoku.moj.go.jp/homu/static/kankatsu_index.html)】

<関連条文等>　なし

Q4

納税証明書の取得方法を教えてください。

A 国税であれば税務署，都道府県税であれば，都道府県税事務所で取得することができます。

納税証明書とは，確定申告書等を提出した場合の納税額，納付した額，未納税額などを証明する証明書で，法人の場合，国税であれば本店所在地を管轄する税務署，都道府県税であれば都道府県税事務所で取得することが可能です。

国土交通大臣許可と都道府県知事許可を申請する場合では，必要な納税証明書が異なりますので注意が必要です。

●建設業許可申請で必要な納税証明書

申請する許可区分	取得する納税証明書	交付申請先
国土交通大臣許可	法人税の納税証明書（その1）	法人の本店所在地を管轄する税務署
都道府県知事許可	事業税の納税証明書	法人の本店所在地を管轄する都道府県税事務所

納税証明書は，申請者（法人または個人）からの委任があれば，代理で取得することも可能です。窓口だけでなく郵送での取得も可能ですので，行政書士が建設業許可申請手続きを代理で行う場合には，取得書類の誤りを防ぐためにも委任状をいただいて代理取得するのがよいでしょう。

なお郵送で取得を希望する場合には，専用の窓口が設置されている都道府県もありますので，取得を希望する税務署や都道府県税事務所に確認をしてください。

●法人税の納税証明書（その1）見本

納 税 証 明 書
（その1　納税額等証明用）

住　所（納税地）	■■■■■■■■■■■■
氏　名（名　称）	■■■■■■■■■■■■
代 表 者 氏 名	■■■■■■■■■■■■

| 税　目 | 法人税 | | | | |

年度及び区分	納付すべき税額		納付済額	未納税額	法定納期限等
	申　告　額	更正・決定後の額			
■■■■■	■■■■■■	＊＊＊＊＊＊＊	■■■■■■	■■■■■■	＊＊＊＊＊＊＊
	以	下	余	白	

（備　考）
○　証明書発行日現在の納付すべき税額等は上記のとおりですが、今後、修正申告又は税務署若しくは国税局（国税事務所）の調査による更正等により異動を生じる場合があります。

徴管（証明）　第■■■■■■号

上記のとおり、相違ないことを証明します。

令和　5年　3月20日　　　■■■■■■

財務事務官　■■■■■■

■■■■■■■■■■■■■■■■■■■■■　　■■■■

●事業税の納税証明書　見本　※愛知県

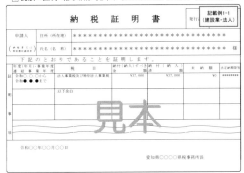

【出典：愛知県　納税証明書を請求される方へ（https://www.pref.aichi.jp/soshiki/
zeimu/0000067578.html)】

<関連条文等>　なし

Q5

身分証明書（身元証明書）の取得方法を教えてください。

A 　身分証明書（身元証明書）は，本籍地のある各区市町村の戸籍課等で取得することができます。

　身分証明書とは，「禁治産・準禁治産の通知」「後見登記の通知」「破産宣告・破産手続き開始決定の通知」を受けていないことを証明するものです。

　本証明書は，必要な方からの委任があれば，行政書士が代理で取得することができます。行政書士が建設業許可申請手続きを代理で行う場合には，取得書類の誤りを防ぐためにも委任状をいただいて代理で取得するのがよいでしょう。

　発行手数料や取得に必要な添付資料は各区市町村で異なりますので，取得しようとする各区市町村に確認をしてください。

●**身分証明書　見本**

●身分証明書の用語解説

禁治産	現在の「成年被後見人」にあたる者
準禁治産	現在の「被保佐人」にあたる者
後見登記	家庭裁判所において法定後見（後見・補佐・補助）の開始の審判や，任意後見契約の公正証書が作成されたときなどに，成年後見人等の権限や任意後見契約の内容を明確にするため，法務局で行う登記のこと
成年被後見人	精神上の障害により事理を弁識する能力（判断能力）を欠く常況のある者で，家庭裁判所の後見開始の審判を受けた者
被保佐人	精神上の障害により事理を弁識する能力（判断能力）が著しく不十分な状況にある者で，家庭判所の保佐開始の審判を受けた者
被補助人	精神上の障害により事理を弁識する能力（判断能力）が不十分な状況にある者で，家庭判所の補助開始の審判を受けた者
破産者	債務を負った人が経済的に苦しい状況になり，債権者に対する返済が事実上できなくなったとき，裁判所の破産宣告を受けた者
破産者で復権を得ない者	破産者であって，免責許可の決定の確定，破産手続廃止の決定の確定等による復権を得ていない者

<関連条文等＞　● 民法第 7 条（後見開始の審判）

● 民法第11条（補佐開始の審判）

● 民法第15条（補助開始の審判）

Q6

登記されていないことの証明書の取得方法を教えてください。

A 東京法務局後見登録課または全国の法務局・地方法務局の本局の戸籍課で取得可能です（支局・出張所では取得できません）。

　登記されていないことの証明書とは，成年被後見人・被保佐人・被補助人として後見登記（登録）されていないことを証明するものです。成年被後見人等に該当しないことを証明する際に必要になります。

　本証明書は，必要な方からの委任があれば，行政書士が代理で取得することができます。行政書士が建設業許可申請手続きを代理で行う場合には，取得書類の誤りを防ぐためにも委任状をいただいて代理で取得するのがよいでしょう。1通あたり300円（収入印紙で納付）が発行手数料としてかかります。

●取得できる主な法務局窓口一覧

窓口	住所	電話番号
東京法務局 民事行政部後見登録課	〒102-8226 東京都千代田区九段南1-1-15 九段第2合同庁舎4階	03-5213-1360
大阪法務局 成年後見登記証明書発行窓口	〒540-8544 大阪市中央区大手前三丁目1番41号 大手前合同庁舎4階	06-6942-9459
名古屋法務局 民事行政部戸籍課	〒460-8513 名古屋市中区三の丸二丁目2番1号 名古屋合同庁舎第1号館	052-952-8111

　なお郵送で取得する場合は，東京法務局後見登録課のみ対応しています。

●登記されていないことの証明書　見本

成年被後見人または被保佐人に該当する方については，後見登記等ファイルに氏名が記載されています。その場合，登記されていないことの証明書を取得することができません。

　ただし，医師の診断書などにより，回復の見込みや医師の所見を考慮した上で，建設業を適正に営むために必要な認知，判断および意思疎通を適切に行うことができると認められる場合については，その旨を記載した医師の診断書を提出することで，登記されていないことの証明書を提出することができる方と同等であるとみなすこととされています。提出する医師の診断書には，契約の締結およびその履行にあたり必要な認知，判断および意思疎通を適切に行うことができる能力を有する旨を記載することになります。

　身分証明書と登記されていないことの証明書の内容はよく似ていますが，明確な違いがあります。平成12年3月31日以前は，禁治産者（成年被後見人とみなされる者）・準禁治産者（被保佐人とみなされる者）については，その内容は本人の戸籍への記録という方法で公示されていました。平成12年4月1日施行の民法改正により，新しい成年後見制度が施行され，禁治産者を成年被後見人に，準禁治産者を被保佐人に呼称が改められました。また改正に伴い，平成12年4月1日以降は成年被後見人・被保佐人等の公示方法が戸籍への記録から後見登記等ファイルへの登記に変更されました。

　そのため，平成12年3月31日以前に，禁治産者（成年被後見人とみなされる者）・準禁治産者（被保佐人とみなされる者）に該当していないことの証明は，従前どおり本籍地の市区町村が発行する「身分証明書」によって行うこととなり，平成12年4月1日以降は，その証明は成年後見人・被保佐人等に該当していないことを証明する「登記されていないことの証明書」によって行うことになりました。

　その結果，建設業許可の申請において，いずれの時点においても成年被後見人等に該当していないことを証明するためには，「身分証明書」および「登記されていないことの証明書」の両方の提出が求められます。なお「破産者」でないことの証明につきましては，従前どおり「身分証明書」によってのみ証明されることになります。

●登記されていないことの証明書の用語解説

後見登記	家庭裁判所において法定後見（後見・補佐・補助）の開始の審判や，任意後見契約の公正証書が作成されたときなどに，成年後見人等の権限や任意後見契約の内容を明確にするため，法務局で行う登記のこと
成年被後見人	精神上の障害により事理を弁識する能力（判断能力）を欠く常況のある者で，家庭裁判所の後見開始の審判を受けた者
被保佐人	精神上の障害により事理を弁識する能力（判断能力）が著しく不十分な状況にある者で，家庭判所の保佐開始の審判を受けた者
被補助人	精神上の障害により事理を弁識する能力（判断能力）が不十分な状況にある者で，家庭判所の補助開始の審判を受けた者

<関連条文等>　なし

Q7

新規申請を行う場合に費用はどれくらい必要ですか？

A 新規申請を行う場合の手数料は，「国土交通大臣許可」「都道府県知事許可」の別や，許可区分（特定・一般）の別によって異なります。

まず，建設業許可新規申請には，申請手数料が必要となります。申請手数料は下表のとおりです。

●**新規申請の申請手数料の額**

	申請手数料の額	
	一般建設業のみ申請または，特定建設業のみ申請	一般建設業と特定建設業許可を同時に申請
国土交通大臣許可	15万円の登録免許税	30万円の登録免許税
都道府県知事許可	9万円	18万円

※納付方法は許可行政庁により異なる

なお，業種追加申請や更新申請の申請手数料は，新規申請（許可換え新規，般・特新規含む）の申請手数料とは額が異なりますので，注意が必要です。

●**業種追加申請，更新申請の申請手数料の額**

	申請手数料の額	
	一般建設業のみ申請または，特定建設業のみ申請	一般建設業と特定建設業許可を同時に申請
国土交通大臣許可	5万円の収入印紙	10万円の収入印紙
都道府県知事許可	5万円	10万円

※納付方法は許可行政庁により異なる

なお，**Q18～22**で解説する電子申請を使用して新規申請を行う場合には，手数料の納付がいくつかの方法から選択可能になりますので，ご紹介させていただきます。

●電子申請の場合の手数方法

大臣許可	知事許可
（1）Pay-easyの納付番号等によるATM,ネットバンキングで支払いを行う納付方法	（1）JCIPから金融機関のネットバンキングを利用してのPay-easy支払いを行う納付方法
（2）収入印紙，国税納付領収書をJCIPで出力したはり付け用紙に貼付して，郵送，窓口提出して行う納付方法	（2）都道府県証紙を郵送，窓口提出して行う納付方法
—	（3）その他都道府県独自の納付方法

【出典：国土交通省「建設業許可・経営事項審査電子申請システム（JCIP）操作マニュアル1.5版」(https://www.mlit.go.jp/tochi_fudousan_kensetsugyo/const/content/001593593.pdf)】

　大臣許可の場合は，（1）（2）の納付方法が用意されており，すべての申請先整備局等で2つのいずれかを選択することができます。知事許可の場合は，（1）（2）（3）の納付方法が用意されていますが，選択できる納付方法は許可行政庁ごとに異なります。そのため実際に建設業許可の申請を行おうとする場合には，事前に申請を行う許可行政庁の手引きや窓口に確認を行うとよいでしょう。

　また，申請手数料の他に，履歴事項全部証明書，身分証明書（身元証明書），登記されていないことの証明書，納税証明書などの証明書類の取得実費が必要となりますので，あわせてお客様にご案内しておくとよいでしょう。

<関連条文等>　●建設業法第10条（登録免許税及び許可手数料）
　　　　　　　　　●建設業法施行令第4条（許可手数料）

Q8

様式第一号　建設業許可申請書別紙二（１）の「従たる営業所」とは何ですか？

A 「従たる営業所」とは，「主たる営業所」以外の建設業を営む営業所をいいます。

建設業許可申請書（様式第一号）には主たる営業所，別紙二（１）「営業所一覧表（新規許可等）」には従たる営業所の許可業種や住所，電話番号などの情報を記載します。

「主たる営業所」とは建設業を営む営業所を統括し，指揮監督する権限を有する唯一の営業所をいい，経営業務の管理責任者が所属する営業所でもあります。通常は本社・本店等であることが多いですが，名目上の本社・本店等であっても，建設業を営まないもの（単なる登記上の本社・本店等）は「主たる営業所」に該当しません。

●建設業許可申請書の様式

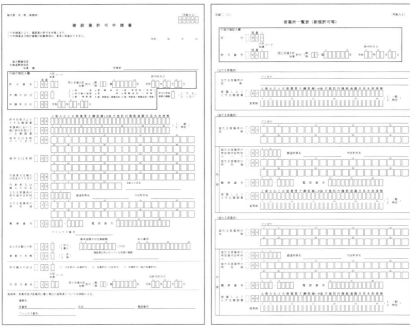

【出典：国土交通省「許可申請書及び添付書類（記載要領あり）」
（https://www.mlit.go.jp/totikensangyo/const/content/001483357.pdf）】

　また取得する許可業種に応じて，適切な資格要件を満たした専任技術者を各営業所に配置し，従たる営業所には経営業務の管理責任者に代わり，令3条使用人を配置しなければなりませんので，注意が必要です。

　　＜関連条文等＞　　●建設業許可事務ガイドライン【第5条及び第6条関係】

Q9

様式第一号　建設業許可申請書別紙一「役員等の一覧表」にはどのような人を記載したらよいですか？

A　別紙一「役員等の一覧表」には，建設業法第5条第3号に規定する役員等に該当する者を記載します。

「役員等の一覧表」には，申請者が法人である場合は，「業務を執行する社員，取締役，執行役若しくはこれらに準ずる者又は相談役，顧問その他いかなる名称を有する者であるかを問わず，法人に対し業務を執行する社員，取締役，執行役若しくはこれらに準ずる者と同等以上の支配力を有するものと認められる者」を記載します。また，個人の場合は，申請者本人と支配人（支配人登記がなされている場合に限る）を記載します。

「業務を執行する社員，取締役，執行役若しくはこれらに準ずる者又は相談役，顧問その他いかなる名称を有する者であるかを問わず，法人に対し業務を執行する社員，取締役，執行役若しくはこれらに準ずる者と同等以上の支配力を有するものと認められる者」についてわかりやすく分類すると，次のようになります。

①業務を執行する社員
②取締役
③執行役
④①～③に準ずる者（経営業務の管理責任者である執行役員等）
⑤法人に対して①～④と同等以上の支配力を有するものと認められる者
  ●総株主の議決権の100分の5以上を有する株主（個人であるものに限る）
  ●出資の総額の100分の5以上に相当する出資をしている者（個人であるものに限る）
  ●相談役，顧問など，役職のいかんを問わず，①～④と同等以上の支配力を有する者

なお，経営業務の管理責任者ではない執行役員等，監査役，会計参与，監事，事務局長は「役員等の一覧表」には記載しません。

別紙一 （用紙Ａ４）

役 員 等 の 一 覧 表

令和　　年　　月　　日

役員等の氏名及び役名等		
フリガナ 氏　　　　　　名	フリガナ 役　名　等	常勤・非常勤の別

　1　法人の役員、顧問、相談役又は総株主の議決権の100分の5以上を有する株主若しくは出資の総額の100分の5以上に相当する出資をしている者（個人であるものに限る。以下「株主等」という。）について記載すること。
　2　「株主等」については、「役名等」の欄には「株主等」と記載することとし、「常勤・非常勤の別」の欄に記載することを要しない。

【出典：国土交通省「許可申請書及び添付書類（記載要領あり）」（https://www.mlit.go.jp/totikensangyo/const/content/001483357.pdf）】

<関連条文等>　　●建設業法第5条第3号（許可の申請）
　　　　　　　　●建設業許可事務ガイドライン【第5条及び第6条関係】

Q10

様式第二号　「工事経歴書」とは何ですか？　何を記載したらよいですか？

A 　直前事業年度における工事実績を，許可を受けようとする業種ごとに記載する書面です。

　記載の対象となる建設工事は，申請をしようとする日の属する事業年度の前事業年度に完成した建設工事です。原則として，許可を受けようとする業種ごとに用紙を分けて記載することになります。

●工事経歴書の様式

| 様式第二号 (第二条、第十三条の二、第十三条の三、第十九条の八関係) | | | | | | | | (用紙A4) |

工　事　経　歴　書

(建設工事の種類)			工事 (税込 ・ 税抜)					
注 文 者	元請又は下請の別	JVの別	工 事 名	工事現場のある都道府県及び市区町村名	配 置 技 術 者 氏名 主任技術者又は監理技術者の別 (該当箇所に○印を記載) 主任技術者・監理技術者	請負代金の額 うち ・PC ・法面処理 ・鋼橋上部	工 期 着工年月 完成又は完成予定年月	

【出典：国土交通省「許可申請書及び添付書類（記載要領あり）」(https://www.mlit.go.jp/totikensangyo/const/content/001483357.pdf)】

　工事経歴書には「注文者」「元請又は下請の別」「JVの別」「工事名」「工事

現場のある都道府県及び市区町村名」「配置技術者氏名」「主任技術者又は監理技術者の別」「請負代金の額」「工期」を記載します。配置技術者の配置が求められるのは，建設業者（建設業許可業者）であるため，新規申請の際には「配置技術者氏名」「主任技術者又は監理技術者の別」の欄は記載不要です。

　工事経歴書作成時の注意点として主に次のものがあります。

①1件の実績を，他の業種の実績と二重に計上することはできない

　例えば，建築一式工事で請け負った場合，この工事を工事内容の業種によって建築一式工事と管工事に分割し，それぞれ建築一式工事・管工事に計上することはできません。この場合は，建築一式工事のみの実績として計上します。

②「注文者」「工事名」に関して，個人の氏名が特定されることがないようにする

　例えば，注文者の名前を「A」，工事名を「A邸新築工事」と記載して，個人が特定されることがないようにします。店舗，建物，施設の名称（ビル名等）は，個人名ではないのでそのまま記載して大丈夫です。

③記載件数が決まっている

　東京都知事許可で，建設業許可の申請はするが，経営事項審査は申請しない場合においては，次のアイの手順で記載します。

　ア　主な完成工事（10件程度）について，請負代金の大きい順に記載

　イ　アに続けて，主な未成工事について，請負代金の大きい順に記載

　工事経歴書の記載件数などのルールは，許可行政庁により異なる場合がありますので，ご注意ください。

●工事経歴書の用語解説

元請工事・下請工事	元請工事とは，発注者から直接請け負った建設工事をいい，下請工事とは下請負人として請け負った工事をいいます。
JV	JVは共同企業体（ジョイント・ベンチャー）の略称であり，複数の建設企業が，1つの建設工事を受注，施工することを目的として形成する事業組織体のことをいいます。

　　＜関連条文等＞　●建設業許可事務ガイドライン【第5条及び第6条関係】

Q11

様式第二号 「工事経歴書」に記載する「配置技術者」とは何ですか？

A 建設業者（建設業許可業者）が，工事の施工の技術上の管理のため，請け負った建設工事を施工する現場ごとに配置する必要のある技術者のことをいいます。

━━

　建設業者（建設業許可業者）は，建設工事の適正な施工を確保するため，請け負った建設工事を施工する現場に，当該工事について一定の資格を有する主任技術者を配置して工事の施工の技術上の管理を行う必要があります。

　また，発注者から直接請け負った建設工事を施工する場合で，下請契約の請負代金の額の合計が4,500万円（税込）（建築一式工事の場合は7,000万円（税込））以上となるときは，主任技術者社に代えて，監理技術者を配置しなければなりません。

●主任技術者と監理技術者の配置

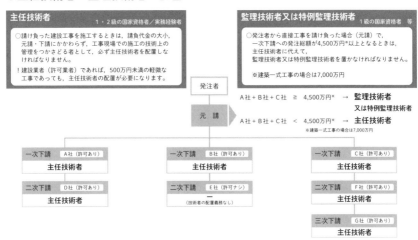

【出典：関東地方整備局「建設工事の適正な施工を確保するための建設業法」
（https://www.ktr.mlit.go.jp/ktr_content/content/000699485.pdf）】

なお，主任技術者・監理技術者の資格要件は，建設業許可の要件である営業所の専任技術者の資格要件と同じです。主任技術者の資格要件は，一般建設業許可の専任技術者の資格要件と監理技術者の資格要件は，特定建設業許可の専任技術者の資格要件とそれぞれ同じです。

●主任技術者・監理技術者の資格要件

	主任技術者	監理技術者
イ	**所定学科卒業＋実務経験** 高校所定学科卒業の場合は5年以上 大学所定学科卒業の場合は3年以上 **第一次検定合格（技士補）＋実務経験** 一級一次検定合格の場合は合格後3年以上 二級一次検定合格の場合は合格後5年以上 ※指定建設業（土，建，電，管，鋼，舗，園）と通は除く	**一定の国家資格等（一級）** 一級建築施工管理技士 一級土木施工管理技士 一級電気工事施工管理技士 一級管工事施工管理技士　等
ロ	**10年以上の実務経験**	**主任技術者要件＋指導監督的実務経験** 左記主任技術者のイ，ロ，ハのいずれかに該当し，元請として4,500万円以上の工事について2年以上の指導監督的な実務経験を有する ※指定建設業（土，建，電，管，鋼，舗，園）は除く
ハ	**一定の国家資格等（一級，二級）** 一級，二級建築施工管理技士 一級，二級土木施工管理技士 一級，二級電気工事施工管理技士 一級，二級管工事施工管理技士　等	**大臣認定**

また，主任技術者・監理技術者には，建設業者との間に「直接的・恒常的な雇用関係」が求められます。

行政書士の立場としては，お客様から聞いた「配置技術者」をそのまま記載するのではなく，「配置技術者」が資格要件を満たしているか，直接的・恒常的な雇用関係にある方かを確認し，アドバイスすることも必要になるケースがあります。

<関連条文等>　●建設業許可事務ガイドライン【第5条及び第6条関係】
　　　　　　　　　●国土交通省　監理技術者制度運用マニュアル

Q12

様式第三号 「直前3年の各事業年度における工事施工金額」とは何ですか？

A 　直近の3事業年度における建設業許可を受けようとする業種ごとの完成工事高（施工金額）を記載する書面です。

許可を受けようとする建設業に関して，建設工事の各事業年度の施工金額の合計を記載します。許可を受けようとする業種であれば，工事実績のない場合でも記載が必要で，工事実績がない場合の施工金額は「0」と記載します。

許可を受けようとする建設業以外の業種については，「その他の建設工事の施工金額」の欄に施工金額の合計を記載します。建設業以外の売上を記載するわけではありませんので注意が必要です。

施工金額を記載する際には，「公共工事（官公庁から元請として請け負った工事）」「民間工事（民間業者，個人から元請として請け負った工事）」「下請工事（下請として請け負った工事）」の3つに分けて金額を記載します。

また，各業種の工事施工金額の合計金額は，様式第二号「工事経歴書」の各業種の合計金額と一致します。

各事業年度の工事施工金額の合計金額は，様式第十六号「損益計算書」の完成工事高と一致します。建設業許可の新規申請の際は，直前事業年度の各業種の合計金額や，工事施工金額の合計金額が，申請書に添付する工事経歴書の合計金額や，損益計算書の完成工事高と一致しているか確認しましょう。

●直前3年の各事業年度における工事施工金額の様式

様式第三号（第二条、第十三条の二、第十三条の三関係）

（用紙A4）

直前3年の各事業年度における工事施工金額

（税込・税抜／単位：千円）

事 業 年 度	注 文 者 の 区 分		許可に係る建設工事の施工金額				その他の建設工事の施工金額	合 計
			工事	工事	工事	工事		
第　　期 令和　年　月　日から 令和　年　月　日まで	元請	公共						
		民間						
	下　請							
	計							
第　　期 令和　年　月　日から 令和　年　月　日まで	元請	公共						
		民間						
	下　請							
	計							
第　　期 令和　年　月　日から 令和　年　月　日まで	元請	公共						
		民間						
	下　請							
	計							
第　　期 令和　年　月　日から 令和　年　月　日まで	元請	公共						
		民間						
	下　請							
	計							
第　　期 令和　年　月　日から 令和　年　月　日まで	元請	公共						
		民間						
	下　請							
	計							
第　　期 令和　年　月　日から 令和　年　月　日まで	元請	公共						
		民間						
	下　請							
	計							

記載要領
1　この表には、申請又は届出をする日の直前3年の各事業年度に完成した建設工事の請負代金の額を記載すること。
2　「税込・税抜」については、該当するものに丸を付すこと。
3　「許可に係る建設工事の施工金額」の欄は、許可に係る建設工事の種類ごとに区分して記載し、「その他の建設工事の施工金額」の欄は、許可を受けていない建設工事について記載すること。
4　記載すべき金額は、千円単位をもって表示すること。
　　ただし、会社法（平成17年法律第86号）第2条第6号に規定する大会社にあつては、百万円単位をもって表示することができる。この場合、「（単位：千円）」とあるのは「（単位：百万円）」として記載すること。
5　「公共」の欄は、国、地方公共団体、法人税法（昭和40年法律第34号）別表第一に掲げる公共法人（地方公共団体を除く。）及び第18条に規定する法人が注文者である施設又は工作物に関する建設工事の合計額を記載すること。
6　「許可に係る建設工事の施工金額」に記載する建設工事の種類が5業種以上にわたるため、用紙が2枚以上になる場合は、「その他の建設工事の施工金額」及び「合計」の欄は、最終ページにのみ記載すること。
7　当該工事に係る実績が無い場合においては、欄に「0」と記載すること。

【出典：国土交通省「許可申請書及び添付書類（記載要領あり）」（https://www.mlit.go.jp/totikensangyo/const/content/001483357.pdf)】

＜関連条文等＞　　●建設業許可事務ガイドライン【第5条及び第6条関係】

Q13

様式第四号 「使用人数」に含まれる人はどのような人ですか？

A 申請者（法人または個人）において，建設業許可の新規申請時点で，建設業に従事する人の数を記載します。

「使用人数」には，建設業に従事する人の数を記載しますので，建設業以外の業務に従事する人の数は記載しません。

記載するのは，雇用期間を特に限定することなく申請者において雇用されている者で，法人の場合は代表者や役員も含めます。つまり，基本的には建設業に従事する役職員の数を記載することになります。

また，主たる営業所の他に，従たる営業所を設置する場合には，営業所ごとの人数を記載します。

●使用人数の用語解説

建設業法第7条第2号イ，ロ若しくはハ又は同法第15条第2号イ若しくはハに該当する者	具体的には次のいずれかに該当する者をいいます。 ①営業所ごとの専任技術者 ②専任技術者以外の者であって，許可に係る専任技術者の要件※を満たす者 ※専任技術者の要件は，一般建設業・特定建設業を問いません。
その他の技術関係使用人	各営業所に所属する技術者のうち，許可に係る専任技術者の要件に満たない者（「建設業法第7条第2号イ，ロ若しくはハ又は同法第15条第2号イ若しくはハに該当する者」以外の者）をいいます。
事務関係使用人	建設業に従事する技術者以外（事務・営業など）の使用人をいいます。 なお，「その他の技術関係使用人」と「事務関係使用人」の両方に該当する場合には，主となる業務にカウントして記載します。

●使用人数の様式

様式第四号（第二条、第十三条の二、第十三条の三関係）

令和　　　年　　　月　　　日

使 用 人 数

営 業 所 の 名 称	技 術 関 係 使 用 人		事務関係使用人	合　　　　計
	建設業法第7条第2号イ、ロ若しくはハ又は同法第15条第2号イ若しくはハに該当する者	その他の技術関係使用人		
	人	人	人	人
合　　　　計	人	人	人	人

記載要領
1　この表には、法第5条の規定（法第17条において準用する場合を含む。）に基づく許可の申請の場合は、当該申請をする日、法第11条第3項（法第17条において準用する場合を含む。）の規定に基づく届出の場合は、当該事業年度の終了の日において建設業に従事している使用人数を、法第17条の2の規定に基づく認可の申請の場合は、譲渡及び譲受け又は合併若しくは分割をした後に、法第17条の3の規定に基づく認可の申請の場合は、相続の認可を受けた後に建設業に従事する予定である使用人数を、営業所ごとに記載すること。
2　「使用人」は、役員、職員を問わず雇用期間を特に限定することなく雇用された者（申請者が法人の場合は常勤の役員を、個人の場合はその事業主を含む。）をいう。
3　「その他の技術関係使用人」の欄は、法第7条第2号イ、ロ若しくはハ又は法第15条第2号イ若しくはハに該当する者ではないが、技術関係の業務に従事している者の数を記載すること。

【出典：国土交通省「許可申請書及び添付書類（記載要領あり）」
（https://www.mlit.go.jp/totikensangyo/const/content/001483357.pdf）】

＜関連条文等＞　　●建設業許可事務ガイドライン【第5条及び第6条関係】

Q14

様式第六号 「誓約書」は誰が何を誓約するものですか？

A 誓約書は，建設業許可の「申請者」「役員等」「令３条使用人」「法定代理人」「法定代理人の役員等」が欠格要件に該当しないことを誓約するものです。

建設業法第８条では，国土交通大臣・都道府県知事が，建設業許可を受けようとする者に対して，許可をしてはならないという事由（欠格要件）が２つ規定されています。

（1）「許可申請書若しくはその添付書類中に重要な事項について虚偽の記載があり，若しくは重要な事実の記載が欠けている」場合

（2）許可申請者またはその役員等もしくは令第３条に規定する使用人，法定代理人が，建設業者としての適性を期待し得ない一定の要件である次の①〜⑭（建設業法第８条第１号〜第14号）のいずれかに該当する場合

①破産手続開始の決定を受けて復権を得ない者

②一般建設業の許可または特定建設業の許可を取り消され，その取消しの日から５年を経過しない者

③一般建設業の許可または特定建設業の許可の取消しの処分に係る聴聞通知を受け取った後，廃業の届出をした場合に届出から５年を経過しないもの

④聴聞通知を受け取った日から取消処分がされた日（取消処分をしないことの決定がされた日）までの間に廃業の届出をした場合，聴聞通知を受け取った日から遡って60日前までの間に当該廃業届出をした法人の役員等もしくは政令使用人であった者（個人事業主の政令使用人を含む）で，廃業届出の日から５年を経過しないもの

⑤建設業法第28条第３項または第５項の規定により営業の停止を命ぜられ，その停止の期間が経過しない者

⑥建設業法第29条の４の規定により営業を禁止され，その禁止の期間が経過しない者

⑦禁錮以上の刑に処せられ，その刑の執行を終わり，またはその刑の執行を受けることがなくなった日から５年を経過しない者

⑧建設業法等に違反したこともしくは暴力団員による不当な行為の防止等に関する法律，または刑法の罪もしくは暴力行為等処罰に関する法律の罪を犯したことにより，罰金の刑に処せられ，その刑の執行を終わり，またはその刑の執行を受けることがなくなった日から5年を経過しない者

⑨暴力団員による不当な行為の防止等に関する法律第2条第6号に規定する暴力団員または同号に規定する暴力団員でなくなった日から5年を経過しない者

⑩心身の故障により建設業を適正に営むことができない者として国土交通省令で定めるもの

⑪未成年者の法定代理人が建設業法第8条各号のいずれかに該当するもの

⑫法人の役員等または政令で定める使用人のうちに，建設業法第8条第1号から第4号までまたは第6号から第10号までのいずれかに該当する者のあるもの

⑬個人で政令で定める使用人のうちに，建設業法第8条第1号から第4号までまたは第6号から第10号までのいずれかに該当する者のあるもの

⑭ 暴力団員等がその事業活動を支配する者

　建設業許可の申請者，申請者の役員等および令3条使用人ならびに法定代理人および法定代理人の役員等が，上記の(1)(2)のいずれかに該当する場合は，許可を受けることができません。

　「誓約書」とは，これらの者が欠格要件に該当しないことを誓約する書面となっています。なお，「役員等」とは「役員等の一覧表」に記載する「役員等」と同義です（Q9（114頁）参照）。

　建設業許可の申請書を受理した許可行政庁は，警察等の関係各所に対して照会をかけ，前科等を調査しますので，欠格要件に該当することを隠して申請したとしても，バレることになります。経営業務の管理責任者や専任技術者など，他の要件を満たしていたとしても，欠格要件に該当していれば，建設業許可を受けることはできません。行政書士としては，当然欠格要件の確認もしっかりと行う必要があります。

　行政書士がお客様から業務を受任する場合，業務委任契約書等に「反社会的勢力の排除に関する条項（暴排条項）」を入れることが一般的だと思いますが，建設業許可申請書の「誓約書」の内容をお客様に説明したうえで，押印をいただいて業務委任契約書と一緒に保管しておくのも1つの方法です。

●誓約書の様式

様式第六号（第二条、第十三条の二、第十三条の三関係）

（用紙Ａ４）

誓　　　約　　　書

$\left.\begin{array}{l}申　請　者\\譲　受　人\\合併存続法人\\分割承継法人\end{array}\right\}$ $\left.\begin{array}{l}申　請　者\\譲　受　人\\合併存続法人\\分割承継法人\end{array}\right\}$ の役員等及び建設業法施行令第３条に規定する使

用人並びに法定代理人及び法定代理人の役員等は、建設業法第８条各号（同法第17条において準用される場合を含む。）に規定されている欠格要件に該当しないことを誓約します。

令和　　　年　　　月　　　日

申　請　者
譲　受　人
合併存続法人
分割承継法人

地方整備局長
北海道開発局長
　　知事　　殿

記載要領

$\left.\begin{array}{l}申　請　者\\譲　受　人\\合併存続法人\\分割承継法人\end{array}\right\}$ 、「$\left.\begin{array}{l}申　請　者\\譲　受　人\\合併存続法人\\分割承継法人\end{array}\right\}$」、「$\left.\begin{array}{l}地方整備局長\\北海道開発局長\\知事\end{array}\right\}$」 については不要なものを消すこと

【出典：国土交通省「許可申請書及び添付書類（記載要領あり）」
(https://www.mlit.go.jp/totikensangyo/const/content/001483357.pdf)】

<関連条文等> ● 建設業法第８条
　　　　　　　 ● 建設業許可事務ガイドライン【第８条関係】

様式第十四号　「株主（出資者）調書」にはどのような人を記載したらよいですか？

A　株式会社の場合は，総株主の議決権の100分の5（5％）以上を保有する株主，その他の法人の場合は出資の総額の100分の5（5％）以上に相当する出資者を記載します。個人・法人であるかを問いません。

申請時現在の株主または出資者の情報を記載します。

株式会社の場合，総株主の議決権の100分の5（5％）以上を保有する株主（個人・法人であるかを問わない）について記載をします。5％未満の株主は記載する必要がありません。その他の法人の場合は，出資の総額の100分の5（5％）以上を保有する出資者について記載します。株主や出資者の存在しない一般社団法人や一般財団法人，個人事業主は「株主（出資者）調書」を作成する必要はありません。

株式会社の場合は会社に保管される株主名簿等，合同・合名・合資会社の場合は定款で確認をしますが，法人税確定申告書別表2でも確認をすることができます。ただし，別表2の情報は決算日時点での情報であることと，株主のグループ単位で，上位3位までしか記載がされないため，株主数が多い法人の場合には注意が必要です。

協同組合の場合には，組合で保管される組合員名簿等で確認を行います。協同組合の場合，組合員の議決権は出資口数に関わらず平等であるため，所属する組合員の議決権が100分の5以上の場合には，本様式に記載をします。

●株主（出資者）調書の様式

様式第十四号（第四条関係）

（用紙Ａ４）

株　主　（出　資　者）　調　書

株主（出資者）名	住　　　所	所有株数又は出資の価額

記載要領
　この調書は、総株主の議決権の100分の5以上を有する株主又は出資の総額の100分の5以上に相当する出資をしている者について記載すること。

【出典：国土交通省「許可申請書及び添付書類（記載要領あり）」
（https://www.mlit.go.jp/totikensangyo/const/content/001483357.pdf）】

　　　　＜関連条文等＞　　●中小企業等協同組合法第11条（議決権及び選挙権）

Q16

様式第二十号の二に記載する「所属建設業者団体」とは
何ですか？

A 建設業者団体とは，建設業に関する調査，研究，講習，指導，広報
その他の建設工事の適正な施工を確保するとともに，建設業の健全な発達
を図ることを目的とする事業を行う社団または財団のことをいいます。

建設業者団体は，建設業法の規定により，設立の日から30日以内に，事業が
2以上の都道府県にわたる場合は国土交通大臣に，その他の場合は事務所の所
在地を管轄する都道府県知事に届出が求められています。

●建設業者団体の例

協会名	ホームページ
一般社団法人全国建設業協会	http://www.zenken-net.or.jp/
一般社団法人日本建設業連合会	https://www.nikkenren.com/
一般社団法人全国中小建設業協会	http://www.zenchuken.or.jp/

建設業者団体は，建設工事の担い手の育成および確保をはじめとした施工技
術の確保に資するよう努めなければならないとされています。

- ●技術者等に対する講習・研修の実施等の人材育成
- ●適正な賃金支払いや社会保険加入等の就労環境の整備
- ●元請下請取引の適正化
- ●若年者や女性の入職促進　等

特定の建設業の発展や，中小建設業者のみの発展を目的とする団体であって
もよいですが，特定された構成員のみの経済的地位の向上，福利厚生を目的と
するものは建設業者団体に該当しません。

建設業者団体への加入は，建設業許可の要件ではないため，未加入であっても問題はなく，「所属建設業者団体」には「未加入」と記入すれば大丈夫です。

様式第二十号の二（第四条関係）　　　　　　　　　　　　　　　　　　　　　　　　　　　　　　（用紙Ａ４）

所 属 建 設 業 者 団 体

団 体 の 名 称	所 属 年 月 日

記載要領
　「団体の名称」の欄は、法第27条の37に規定する建設業者の団体の名称を記載すること。

【出典：国土交通省「許可申請書及び添付書類（記載要領あり）」
(https://www.mlit.go.jp/totikensangyo/const/content/001483357.pdf)】

<関連条文等>　　◉建設業法第27条の37（届出）
　　　　　　　　　◉建設業法施行規則第22条（建設業者団体）
　　　　　　　　　◉建設業法施行規則第23条（建設業者団体の届出）

Q17

建設業許可申請書類を提出したら，どのくらいで許可が下りますか？　またどのような通知が届きますか？

A 　新規申請の標準処理期間は，許可行政庁によって異なります。また申請の結果，要件を満たしていると判断された場合には許可通知書，要件を満たしていないと判断された場合には許可の拒否通知書が発行されます。

新規申請の標準処理期間は許可行政庁によって異なります。標準処理期間とは，行政手続法で「申請がその事務所に到達してから当該申請に対する処分をするまでに通常要すべき標準的な期間」と定められています。

主な許可行政庁における標準処理期間は下表のとおりです。

●標準処理期間

許可行政庁	標準処理期間
国土交通省	概ね90日
東京都	25日（土日祝日等の閉庁日を除く）
大阪府	30日（土日，祝日を含む・年末年始の閉庁日，大型連休を除く）
愛知県	23日（県の休日は含まない）

標準処理期間には，補正に必要な期間は含まれません。

このように許可行政庁によって標準処理期間に違いがあるため，注意が必要です。実際に建設業許可の申請を行う場合には，事前に申請を行う許可行政庁の手引きの確認や，窓口に確認を行うとよいでしょう。

■　許可通知書・許可の拒否通知書

建設業許可の申請をすると，審査の結果，許可の要件を満たしている（建設業許可を取得できる）と判断される場合には許可通知書，許可の要件を満たしていない（建設業許可を取得できない）と判断される場合には許可の拒否通

が発行されます。発行された許可通知書等の受取り・交付については許可行政庁によって取り扱いが異なります。主な許可行政庁による取り扱いは下表のとおりです。

●許可通知書の交付方法

許可行政庁	交付方法
国土交通省	申請者の主たる営業所へ郵送
東京都 大阪府 愛知県	申請者の主たる営業所へ郵送
茨城県	申請した土木事務所の窓口交付または返信用封筒にて交付

　国土交通省・東京都・大阪府・愛知県の場合，許可通知書は，代理人受取り（行政書士の事務所への送付）や窓口受取り，郵便物の転送をすることができません。必ず主たる営業所において，申請者本人もしくはその従業員が受取りをしなければなりません。その方法により，営業所の実態があるかを確認しています。

　一方，茨城県の場合，窓口での本人や代理人による受取りや，許可申請時に同封した返信用封筒を使用して任意の住所で許可証を受け取ることが認められています。このように許可通知書等の受取りについても，許可行政庁ごとに取り扱いが異なりますので，実際に建設業許可の申請を行う場合には，事前に申請を行う許可行政庁の手引きや窓口に確認を行うとよいでしょう。

　この許可通知書は，紛失や変更事項（代表者・所在地の変更）があっても再発行・再交付されません。許可通知書は，建設業許可の廃止や更新申請，許可換え新規申請等を行うまで，記載された有効期間の間は効力を有するものですので，保管が必要です。万が一，紛失・汚損をしたときは，許可行政庁に許可証明書や許可確認書を発行してもらうことができますので，許可行政庁に確認ください。

●許可通知書の見本

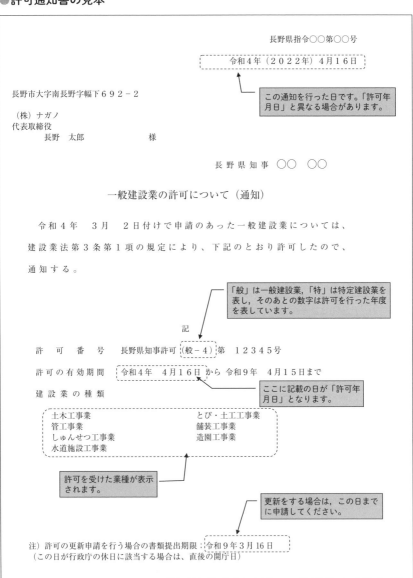

長野県指令○○第○○号

令和4年（2022年）4月16日

> この通知を行った日です。「許可年月日」と異なる場合があります。

長野市大字南長野字幅下692－2

（株）ナガノ
代表取締役
　　　長野　太郎　　　　　　　様

長　野　県　知　事　　○○　　○○

一般建設業の許可について（通知）

　　令和4年　3月　2日付けで申請のあった一般建設業については、建設業法第3条第1項の規定により、下記のとおり許可したので、通知する。

> 「般」は一般建設業、「特」は特定建設業を表し、そのあとの数字は許可を行った年度を表しています。

記

許　可　番　号　　長野県知事許可（般－4）第　12345号

許可の有効期間　　令和4年　4月16日　から　令和9年　4月15日まで

> ここに記載の日が「許可年月日」となります。

建設業の種類

土木工事業　　　　　　　　とび・土工工事業
管工事業　　　　　　　　　舗装工事業
しゅんせつ工事業　　　　　造園工事業
水道施設工事業

> 許可を受けた業種が表示されます。

> 更新をする場合は、この日までに申請してください。

注）許可の更新申請を行う場合の書類提出期限：令和9年3月16日
（この日が行政庁の休日に該当する場合は、直後の開庁日）

【出典：長野県「建設業許可申請書作成の手引」（https://www.pref.nagano.lg.jp/kensetsu/infra/kensetsu/kyoka/kyoka/documents/kyokatebiki0501-1.pdf）】

　　　　　　　　　　＜関連条文等＞　　●行政手続法第6条（標準処理期間）

Q18

令和５年１月10日から，建設業許可・経営事項審査の電子申請の受付がはじまったと聞きました。電子申請システムの概要を教えてください。

A 令和５年１月10日より，建設業許可申請，許可取得後の届出，経営事項審査申請の電子申請が可能になりました。手続きは，建設業許可・経営事項審査電子申請システム（Japan Construction Industry electronic application Portal）（以下，JCIP）を使用して行います。

　建設業の働き方改革推進の一環として，建設業従事者の事務負担の軽減や，生産性向上，新型コロナウイルス感染症の拡大防止のため，非対面での申請手続を行うことができる環境を整備するため，JCIPの運用が開始され，建設業許可・経営事項審査手続きの電子申請が可能になりました。

●電子申請システムの概要

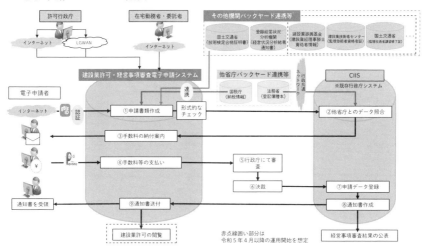

【出典：国土交通省「建設業許可・経営事項審査電子申請システム」(https://www1.mlit.go.jp/tochi_fudousan_kensetsugyo/const/content/001519393.pdf)】

本書執筆時点では，従前どおり紙媒体による申請も可能です。JCIPによる電子申請のメリットとして主に次の5つが挙げられます。紙申請か電子申請か，お客様の事情に合わせた申請方法を提案できるとよいでしょう

JCIPによる電子申請のメリットは以下のとおりです。

①インターネットで申請

会社や自宅のパソコンから，インターネットで申請・届出書類を作成し，申請・届出ができますので行政庁への訪庁や郵送での申請・届出が不要になります。

②データ連携により書類の取得・添付が不要

法務省（登記事項申請書），国税庁（納税情報）等とのデータ連携により，当該書類の取得や添付が不要になります。

③外部データの取り込み，前回申請データの再利用

外部のアプリケーション等で作成したデータの取り込みや前回申請したデータを利用した申請書類の作成ができますので，入力の手間が省けます。

④エラーチェック，自動計算

JCIPによるエラーチェックや自動計算を行いますので，申請書類の作成に係る手間が省け，作成誤りがなくなります。

⑤手数料納付

紙媒体での申請時と同様，収入印紙や都道府県証紙等による納付の他，Pay－easyを使用してのネットバンキングで支払い可能になります。

電子申請の受付開始時期は許可行政庁によって異なり，令和5年3月時点において，それぞれ下表のとおりです。

●電子申請の受付開始時期

許可行政庁	受付開始時期
国土交通大臣許可	令和5年1月10日
都道府県知事許可	令和5年1月10日より順次開始（許可行政庁により異なる）

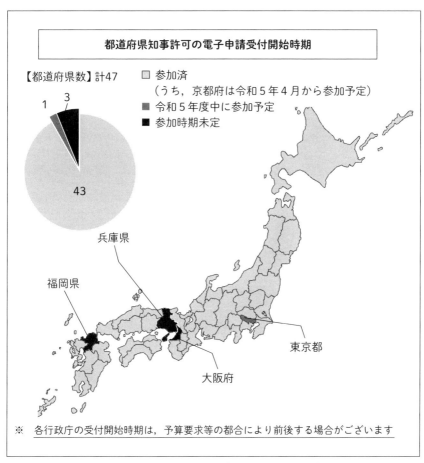

【出典：国土交通省 電子申請受付開始時期（令和5年3月時点）
(https://www1.mlit.go.jp/tochi_fudousan_kensetsugyo/const/content/
001595876.pdf)】

　現在電子申請が導入されていない許可行政庁については，事前に申請を行う
許可行政庁のホームページや窓口等で電子申請の実施について確認をしてくだ
さい。

　　　　　　　　　　　　　　　　　　　　　　＜関連条文等＞　なし

Q19

「建設業許可・経営事項審査電子申請システム（JCIP）」
を利用して申請・届出できる手続き・作成できる様式に
はどんなものがありますか？

A 建設業許可手続きのなかでも，JCIPを利用して申請できる手続き
と，紙媒体でのみ申請が認められている手続きがあります。

JCIPを使用して電子申請が可能な手続きは下表のとおりです。

●JCIPで電子申請が可能な手続き

	申請手続き名
建設業許可関係	許可申請 （新規許可・許可換え新規・般特新規・業種追加・更新）
	変更等の届出 （事業者の基本情報・経営業務の管理責任者・専任技術者・令第3条使用人等）
	廃業等の届出
	決算報告
経営事項審査関係	経営事項審査申請（経営規模等評価・総合評定値請求）
	再審査申請（経営規模等評価・総合評定値請求）

　これらの手続きに関する様式は，JCIPのシステム上で概ね作成をすること
ができますが，一部作成することができない様式がありますので，注意が必要
です。

　建設業許可申請については，合併・分割・事業譲渡・相続等に伴う認可申請
に関する書類はJCIPで作成することができず，現在は紙媒体でのみ申請が認
められています。

● JCIPで作成できる様式

○省令様式

○許可事務ガイドラインの下記様式
- 経管経験の認定調書 各種（別紙6×3種類）
- 変更届出書＜事業年度終了報告時＞（別紙8）

○「経営事項審査の事務取扱について（通知）」の下記様式
- 工事種類別完成工事高付表（様式第1号）
- 継続雇用制度の適用を受けている技術職員名簿（様式第3号）
- CPD単位を取得した技術職員名簿（技術職員名簿に記載のある者を除く）（様式第4号）
- 技能者名簿（様式第5号）

【出典：国土交通省「建設業許可・経営事項審査電子申請システム」(https://www1.mlit.go.jp/tochi_fudousan_kensetsugyo/const/content/001519393.pdf)】

● JCIPで作成できない様式

○許可事務ガイドラインの下記様式
- 許可申請取下げ願（別紙4）
- 許可拒否通知書（別紙5）
- 登録免許税還付願（別紙7）
- 許可取消通知書（別紙9）
- 承継の書類提出依頼書（別紙10）
- 承継認可申請取下げ願（別紙11，別紙14）
- 承継拒否通知書（別紙12，別紙17）
- 承継認可通知書（別紙13，別紙18）
- 相続の書類提出依頼書（別紙15）
- 承継認可申請取下げ願（別紙16）

○「経営事項審査の事務取扱について（通知）」の下記様式
- 経理処理の適正を確認した旨の書類（様式第2号）

○許可証明書

○都道府県独自の様式

【出典：国土交通省「建設業許可・経営事項審査電子申請システム」(https://www1.mlit.go.jp/tochi_fudousan_kensetsugyo/const/content/001519393.pdf)】

＜関連条文等＞　なし

Q20

「建設業許可・経営事項審査電子申請システム（JCIP）」
で行政書士が代理申請をすることはできますか？

A JCIPでは申請者本人（建設業者）による申請に加え，行政書士が
代理申請を行うことも可能です。

　JCIPでの代理申請で必要となる委任状はJCIP上で作成し，代理人側で記入
した内容を，申請者本人が承認することで完成します。代理申請を行う場合に
は，申請者本人のgBizIDプライムアカウントとは別に，代理人もgBizIDプラ
イムアカウントが必要です。またJCIP上で委任状を作成するためには，事前
にgBizIDのマイページで，委任者（申請者本人）と受任者（行政書士）の間
に委任関係の設定が必要です。

　JCIPにおいて代理で電子申請を行うにあたっては，次のような流れで委任
状の設定を行う必要があります。

①申請者がgBizIDプライムアカウントを利用し，gBizIDの「委任機能」を用いて
　委任申請を行う
②代理人がgBizIDプライムアカウントを利用し，gBizIDの「委任機能」を用いて
　委任申請の承認を行う
③代理人がJCIPにおいて，具体的な申請手続き単位の委任状を作成する
④申請者がJCIPにおいて，委任状を承認する
⑤代理人は，委任状にて委任されている手続きに関する申請が可能となる

　gBizIDでの委任関係の設定は，申請者本人・代理人ともgBizIDプライムア
カウントが必須となりますが「gBizIDで委任関係を設定済みの，代理人側の
gBizIDプライムアカウント」に属するgBizIDメンバーアカウントであれば
JCIPでの委任状作成から代理申請を行うことが可能です。

●代理申請の流れ

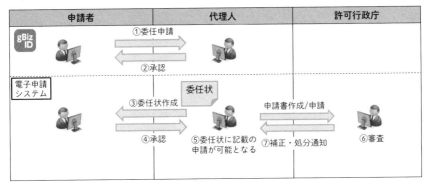

【出典：国土交通省「建設業許可・経営事項審査電子申請システム」
（https://www.mlit.go.jp/tochi_fudousan_kensetsugyo/const/content/
001519393.pdf）】

●gBizIDアカウントの種類

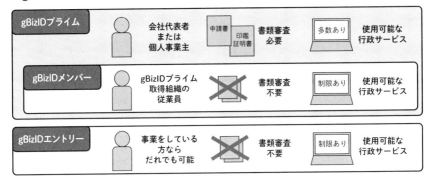

※1つのメールアドレスでアカウントを複数取得することはできません。複数事業を営んでいる場合は，事業毎
にメールアドレスをご用意いただきアカウントを作成してください。

【出典：国土交通省「建設業許可・経営事項審査電子申請システム（JCIP）操作マ
ニュアル1.5版」（https://www.mlit.go.jp/tochi_fudousan_kensetsugyo/const/con
tent/001593593.pdf）】

●gBizIDプライムとメンバーの違い

		gBizID	JCIP			
		委任関係の設定	委任状		申請・届出	
利用者	gBizID	委任申請	作成	承認	書類作成	電子申請
申請者本人	プライム	○	－	○	※	※
従業員	メンバー	－	－	○	※	※
代理人	プライム	○	○	－	○	○
従業員	メンバー	－	○	－	○	○

※代理申請を行う場合は，申請者本人による申請・届出は行えません。

【出典：国土交通省「建設業許可・経営事項審査電子申請システム（JCIP）操作マニュアル1.5版」(https://www.mlit.go.jp/tochi_fudousan_kensetsugyo/const/content/001593593.pdf)】

　行政書士が代理申請を行うために，委任関係を設定すると，申請者本人による申請・届出は行うことができませんので注意が必要です。

<関連条文等>　なし

Q21

「建設業許可・経営事項審査電子申請システム（JCIP）」
で電子申請をする場合，証明書類の添付は不要ですか？

A JCIPを使用することで，建設業許可申請や経営事項審査で必要となる一部の証明書類の添付が不要になります。

Q18（135頁）の図のように，JCIPと証明書類を発行する各省庁・機関がバックヤードで連携をすることにより，紙媒体での申請のように証明書類を取得・添付しなくても電子申請が可能になりました。

JCIPを使用することで省略が可能になる証明書類は下表のとおりです。

●省略が可能になる書類

連携情報		連携先	連携対象		連携時期
			許可区分	対象	
登記事項証明書		法務省	大臣許可	法人	令和5年1月
納税情報	法人税／所得税	国税庁	大臣許可	法人 個人	令和5年1月
	消費税／地方消費税	国税庁	大臣許可 知事許可	法人 個人	令和5年1月
	事業税	都道府県	知事許可	法人 個人	未定

連携情報	連携先	連携対象	連携時期
技術検定合格証明書	国土交通省	すべて	令和5年1月
経営状況分析結果通知書	登録経営状況分析機関	すべて	令和5年1月
監理技術者資格者証	（一財）建設業技術者センター	すべて	令和5年4月
監理技術者講習修了証	国土交通省	すべて	令和5年4月
建設業経理士登録証	（一財）建設業振興基金	すべて	令和5年4月
建設業経理士CPD講習 修了証	（一財）建設業振興基金	すべて	令和5年4月

連携対象が許可行政庁によって異なる書類として登記事項証明書が挙げられます。電子申請において登記事項証明書の省略が可能なのは，大臣許可業者に限られており，知事許可業者については，現在連携の調整中となっています。このように建設業許可申請や経営事項審査で使用するすべての証明書類の添付が不要になるわけではないので，注意が必要です。

<関連条文等>　なし

Q22

建設業許可や経営事項審査を電子申請した場合，建設業許可通知書や経営事項審査の結果通知書はどのように交付されますか？

A 電子申請を行った場合には，建設業許可通知書や経営事項審査の結果通知書の交付方法を電子交付と書面交付で選択が可能です。電子交付の場合にはJCIPを経由して，許可行政庁よりPDF形式のファイルで送信されます。

　建設業許可通知書や経営事項審査の結果通知書は代理受領も可能です。代理で受領する場合には，委任状作成の際に「代理人に委任する権限」について，「建設業許可通知書の受領に関する一切の件」もしくは「経営事項審査通知書の受領に関する一切の件」を選択し，申請者の承認を受ける必要があります。

●代理人に委任する権限（見本）

私は、上記の者を代理人と定め、下記の権限を委任します。
☐ 建設業許可に関する一切の件
☐ 建設業許可通知書の受領に関する一切の件　※申請先の行政庁により代理受領できない場合があります。
☐ 建設業法第11条の規定に基づく変更等の届出に関する一切の件
☐ 建設業法第12条の規定に基づく廃業等の届出に関する一切の件
☐ 経営事項審査申請に関する一切の件
☐ 経営事項審査通知書の受領に関する一切の件　※申請先の行政庁により代理受領できない場合があります。

【出典：国土交通省「建設業許可・経営事項審査電子申請システム（JCIP）操作マニュアル1.5版」
(https://www.mlit.go.jp/tochi_fudousan_kensetsugyo/const/content/001593593.pdf)】

　ただし，建設業許可通知書や経営事項審査結果通知書の代理受領を認めていない場合もありますので，委任状の作成や電子申請を行う前に申請を行う許可行政庁に確認してください。

「申請・届出内容」の「通知書受領方法」において，「電子ファイルで受領することに同意します」をONにすることで，建設業許可通知書や経営事項審査結果通知書の電子交付が可能になります。書面交付を希望する場合には「電子ファイルで受領することに同意します」をOFFにすることで，書面交付が可能になります。

●通知書受領方法　見本（電子交付・書面交付の選択が可能な場合）

通知書受領方法	□ 建設業許可通知書について、電子ファイルでの受領を希望する
	※１．電子ファイルでの受領を「希望しない」場合は、書面での送付（郵送）となります
	※２．不許可時の拒否通知書については、書面での送付（郵送）となります

【出典：国土交通省「建設業許可・経営事項審査電子申請システム（JCIP）操作マニュアル1.5版 」(https://www.mlit.go.jp/tochi_fudousan_kensetsugyo/const/content/001593593.pdf)】

　大臣許可の場合は電子交付と書面交付の選択が可能ですが，知事許可の許可行政庁によっては，建設業許可通知書および経営事項審査結果通知書の交付方法が，「電子交付のみ」または「書面交付のみ」，「電子・書面の両方で交付」と定められている場合がありますので，委任状の作成や電子申請を行う前に申請を行う許可行政庁に確認を行うとよいでしょう。

●通知書受領方法　見本（電子交付のみの場合）

通知書受領方法	☑ 建設業許可通知書について、電子ファイルでの受領に同意する
	※１．不許可時の拒否通知書については、書面での送付（郵送）となります

●通知書受領方法　見本（書面交付のみの場合）

通知書受領方法	建設業許可通知書は書面での交付となります
	☑ 確認しました

●通知書受領方法　見本（電子・書面の両方で交付の場合）

通知書受領方法	経営事項審査結果通知書は電子ファイルと書面で交付されます
	☑ 確認しました

【出典：国土交通省「建設業許可・経営事項審査電子申請システム（JCIP）操作マニュアル1.5版 」(https://www.mlit.go.jp/tochi_fudousan_kensetsugyo/const/content/001593593.pdf)】

<関連条文等>　なし

結果通知書を偽造した!?

　ある日，新規のお客様（C社）の社長から「急ぎで経審を受けたい」とご連絡をいただきました。C社は売上規模が30億円ほどある地元の優良企業で，公共工事も多く手掛けています。

　なぜ急ぎだったのかというと，経審を受けていなかったからです。C社は建設業許可や経審の手続きは自社対応をしていました。手続きの担当をしていたのは執行役員の丙さんだったのですが，その年の経審を受けることを失念してしまっていたのです。

　単に手続きを失念していただけならまだよかったのですが，最悪なことに，丙さんは経審の結果通知書を偽造し，公共工事の発注者に対して提出してしまっていたのです。偽造された経審の結果通知書を受け取った公共工事の発注者から，C社に対して連絡が入り，その事件が発覚したという経緯です。

　当社にご依頼をいただいたのは，その事件への対応が落ち着いたタイミングだったのですが，C社の社長に話をうかがったところ，その事件を知ったときにすぐに顧問弁護士に相談して，公共工事の発注者や許可行政庁などの関係各所に対して事実説明に出向いたそうです。結果，C社としては指名停止や監督処分を受けることはありませんでした。

　経審の結果通知書の偽造は有印公文書偽造罪に当たります。執行役員だった丙さんがその後どのようになったのかは知るよしもあり

ません。

　行政書士は，単に正確な書類を作成して提出するというだけでなく，「期限を管理し，期限内に正しい手続きを行う」という部分にも存在意義があると実感した事例でした。皆さまがお客様に提案する際には，この点についても強調いただくとよいと思います。

CHAPTER

4

建設業許可取得後のフォロー

Q1

建設業許可取得後に必要な手続きはありますか？

A 事業年度が終了するたびに，決算変更届出が必要です。また，建設業許可の有効期間は 5 年のため， 5 年ごとに更新申請が必要です。さらに，申請内容に変更を生じた場合には，変更の届出が必要です。

建設業許可取得後に必要な手続きは次のとおりです。

◼ 決算変更届（事業年度終了届）

事業年度が終了したときに行う手続きです。直前事業年度における工事実績と決算の内容について届出をします。事業報告のようなものであるとお考えください。毎事業年度経過後 4 カ月以内に行うことと規定されています。法人であれば決算日，個人事業主であれば12月31日から 4 カ月以内となります。

◼ 更新申請

建設業許可の有効期間は 5 年間です。すでに受けている建設業許可について，有効期間を超えてそのまま継続する場合に必要な手続きです。許可の有効期間の満了日の30日前までに手続きを行う必要があります。

◼ 変更届

下表の事項が生じた場合に行う手続きです。

●変更届の一覧

届出事項	提出期限
●商号，名称を変更したとき ●既存の営業所の名称，所在地または業種を変更したとき ●営業所を新設，廃止したとき ●資本金額（出資総額）を変更したとき ●法人の役員等を変更（就退任，代表者の変更，常勤・非常勤の変更，氏名の変更等）したとき ●個人事業主の氏名を変更したとき ●個人事業の支配人を変更（就退任，氏名の変更）したとき	事実発生後 30日以内
●令第３条に規定する使用人を変更したとき ●常勤役員等（経営業務の管理責任者等），常勤役員等および当該常勤役員等を直接に補佐する者を変更したとき（氏名の変更を含む） ●専任技術者の変更（追加，交代に伴う削除，担当業種の変更，有資格区分の変更，営業所の変更，氏名の変更）したとき ●健康保険等の加入状況を変更（加入状況の変更）したとき ●要件を満たす者が欠けたとき（経営業務の管理責任者の削除，交代が伴わない専任技術者の削除） ●欠格要件に該当したとき	事実発生後 ２週間以内
●健康保険等の加入状況	毎事業年度経過後 ４カ月以内

廃業届

　建設業を廃業した場合に行う手続きです。廃業事由から30日以内に手続きを行う必要があります。

<関連条文等>　●建設業法第３条（建設業の許可）
　　　　　　　　●建設業法第11条（変更等の届出）

Q2

建設業許可や決算変更届（事業年度終了届）の期限管理
で大事なことは何ですか？

A 建設業許可の更新や決算変更届は，定期的に必要となる手続きです。
建設業法で定められた期限（法定期限）内に提出できるよう，適切なタイ
ミングで，お客様に手続きのご案内をすることが大事です。

建設業許可の更新申請は，許可の有効期間満了の日の30日前まで，決算変更
届は，毎事業年度経過後4カ月以内に提出をしなければなりません。お客様と
の継続的な関係を構築するためにも，期限管理をして，時期が近づいてきたら
適切にご案内をすることが大事です。

期限管理を有償で対応されている行政書士の先生もいらっしゃるかもしれま
せんが，行政書士法人名南経営では，継続的な関与のあるお客様については，
営業的な意味合いも含めて無償で期限管理の対応をしています。

当社の場合，お客様へのご案内のタイミングとしては，建設業許可の更新は
有効期間満了の日の約4カ月前，決算変更届は事業年度経過後約2カ月を目安
としています。タイミングは，ご自身の書類作成や，お客様の資料にかかる時
間をふまえて設定いただければよいと思います。

建設業許可の更新や決算変更届の手続きに限らず，定期的に発生する許認可
手続きのご案内は，以下の事項です。

①手続きの時期が近づいている旨
②費用（報酬金額，実費）
③必要書類

決算変更届のように，同じタイミングで複数社のお客様にご案内をする場合
は，個別でのご案内ではなく，メルマガのシステムを使用して一斉にご案内を
しています。

●行政書士法人名南経営の案内

事業年度終了届（決算変更届）のご案内

[会社名]
[氏名] 様

いつもお世話になっております。
行政書士法人名南経営です。

事業年度終了届（決算変更届）のお手続きの時期になりましたのでご案内いたします。

　【見積金額】
　　報酬金額（税込）　[差込データ１]
　　実費金額　　　　　[差込データ２]

上記の金額でお手続きをご依頼いただける場合には、以下のデータ及び書類をご用意ください。

　１．工事資料
　　[差込データ３]
　２．決算書等
　　[差込データ４]
　３．納税証明書
　　[差込データ５]

　　　＜関連条文等＞　　●建設業法第３条（建設業の許可）
　　　　　　　　　　　　●建設業法第11条（変更等の届出）
　　　　　　　　　　　　●建設業法施行規則第５条（許可の更新の申請）
　　　　　　　　　　　　●建設業法施行規則第７条の２（変更の届出）

Q3

建設業者の許可業種を増やしたい場合，どのような手続きが発生しますか？

A 　一般または特定の建設業者が，同じ一般または特定の業種を追加する場合は「業種追加申請」を行います。一般または特定の建設業者が，新たに一般または特定の業種を追加する場合は「般・特新規申請」を行います。

建設業者がすでに保有している許可によって手続きが異なります。

●許可業種を増やすための手続き

現在の許可	追加する許可	必要な手続き
一般建設業許可/特定建設業許可いずれか一方のみ保有	すでに持っている許可区分と同じ許可	業種追加申請
	異なる許可区分の許可	般・特新規申請
一般建設業許可，特定建設業許可いずれも保有	（区分は問わない）	業種追加申請

■　業種追加申請とは

　一般建設業の許可を受けている者が他の建設業について一般建設業の許可を申請すること，または特定建設業の許可を受けている者が他の建設業について特定建設業の許可を申請することをいいます。

　例えば，一般建設業許可のみ保有している建設業者が，一般建設業許可の他の業種を追加する場合などが該当します。

● 般・特新規申請とは

　一般建設業の許可のみを受けている者が新たに特定建設業の許可を申請すること，または特定建設業の許可のみを受けている者が新たに一般建設業の許可を申請することをいいます。

　例えば，一般建設業許可のみ保有している建設業者が，その一般建設業許可を特定建設業許可に切り替える場合や，特定建設業許可のみ保有している建設業者が，一般建設業許可の他の業種を追加する場合などが該当します。

　許可業種を増やすためのこれら①業種追加申請，②般・特新規申請の手続きは，いずれの手続きも新規申請や更新申請と同じ「申請」手続きに当たり，申請から許可まで時間を要します。また，申請書の準備方法（記載の仕方や確認書類の準備等も含む）はそれぞれの手続きで異なるため，いずれの手続きに該当するのか，間違いなく判断ができるようにしておくのがよいです。知識をつけて，正しくスムーズに手続きが進められるようにしましょう。

　　＜関連条文等＞　●建設業許可事務ガイドライン【第5条及び第6条関係】

Q4

営業所の許可業種を追加したい場合，どのような手続き
が発生しますか？

A ①すでに保有している許可について，営業所に許可業種を追加した
い場合と，②保有していない許可を取得し，営業所の許可業種を追加した
い場合では，必要な手続きが異なります。

「業種を増やしたい」と一言でいっても，状況に応じて手続きが異なるため
お客様の許可状況を把握したうえで手続きの提案をすることが必要です。事例
で手続きを確認してみましょう。

≪事例≫　A社（国土交通大臣許可）
　　　　　東京本社　：建，と，塗，内，解
　　　　　名古屋支店：建，内
　　　　　いずれも一般建設業許可
　　　　①名古屋支店に塗装工事業の一般建設業許可を追加したい。
　　　　②名古屋支店に防水工事業の一般建設業許可を追加したい。

　①の場合は，建設業許可変更届を行います。A社はすでに塗装工事業の許可
を持っているため，営業所に業種を追加することは変更届で可能となります。
また変更届のため，事後（名古屋支店に塗装工事業を追加した日以降）の手続
きとなります。

　②の場合は，建設業許可業種追加申請を行います。防水工事業はA社として
保有していない許可業種になります。この場合は，業種追加申請となり，許可
が出るまでに時間を要します。当然のことながら①とは異なり，許可が下りる
までは営業することができませんので，注意が必要です。また，業種追加申請
は5万円の申請手数料が必要です。

お客様の許可情報とお客様からヒアリングしたことを整理して，必要な手続きを適切に判断できるようにしましょう。

　　＜関連条文等＞　　●建設業許可事務ガイドライン【第5条及び第6条関係】

Q5

特定建設業許可を持っていますが，直前決算で財産的基礎等の要件をクリアできませんでした。この場合，建設業を廃業しないといけませんか？

A 財産的基礎等の要件確認は，更新等の申請時に直前決算の内容で行われます。決算の内容が特定建設業許可の財産的基礎の要件を満たしていなかったとしても，それが申請の直前決算でなければ，許可はそのまま維持することができますので，廃業の必要はありません。

　財産的基礎等の要件を満たすかの判断は，許可申請の際に行われます。つまり，許可をした後に財産的基礎の要件を満たさないこととなっても，直ちに許可の効力に影響を及ぼすものではありません。ただし，次の更新等の申請の直前決算においては要件を満たすようにしなければなりません。

　行政書士の立場として，財産的基礎等の要件確認は，法人であれば決算書類（個人事業主の場合は確定申告書類）によって行うことができます。
　既存の会社であれば，申請時の直前決算の決算書類で，設立後決算未到来の会社であれば，創業時の決算書類で確認をします。申請直前の決算において，特定建設業許可の財産的基礎等の要件を満たしているか確認をしたうえで，更新等の手続きを進められるか，要件を満たしていない場合は，一般建設業許可への般・特新規申請をするかなどの判断をしなければなりません。

> **建設業許可事務ガイドライン【第7条関係】**
> 　4．財産的基礎又は金銭的信用について（第4号）
> 　〜中略〜
> （4）この基準を満たしているかどうかの判断は，原則として既存の企業にあっては申請時の直前の決算期における財務諸表により，新規設立の企業にあっては創業時における財務諸表により，それぞれ行う。

（5）本号の基準に適合するか否かは当該許可を行う際に判断するものであり，許可をした後にこの基準を適合しないこととなっても直ちに当該許可の効力に影響を及ぼすものではない（法第15条第3号の基準について同じ。）。

〜以下省略〜

<関連条文等＞　●建設業許可事務ガイドライン【第7条関係】

Q6

「営業所を新設したい」と相談を受けましたが，どのような手続きが発生しますか？

A 新設する営業所の所在地と現在保有している許可区分が国土交通大臣許可か都道府県知事許可かによって手続きが異なります。

営業所の新設に関する手続きについては，次のフローで手続きを確認してください。

●営業所の新設手続き確認フロー

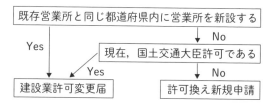

1つの都道府県にのみ営業所を設けている場合は「都道府県知事許可」となりますが，2つ以上の都道府県に営業所を設けることとなれば「国土交通大臣許可」となります。

営業所を新設する際の手続きが「建設業許可変更届」の場合，「届出」は事後手続きのため届出の際には，すでに新しい営業所が設置されている状態となります。しかし，「許可換え新規申請」の場合は「申請」となるため，申請に対する許可が下りるまでは，新しい営業所を設置し，そこで営業を行うことはできません。申請の場合は営業開始できるまでに時間がかかるため，注意が必要です。

＜関連条文等＞ ●建設業法第3条（建設業の許可）
●建設業法第9条（許可換えの場合における従前の許可の効力）
●建設業許可事務ガイドライン【第9条関係】

Q7

「従業員を雇用したので雇用保険の加入をした」とお客様から連絡がありました。建設業許可に関して，どのような手続きが発生しますか？

A 事実発生後２週間以内に，様式第七号の三（第三条，第七条の二関係）「健康保険等の加入状況」の提出が必要です。

令和２年10月１日の改正建設業法の施行に伴い，建設業許可の要件に，適切な社会保険の加入が加わりました。そのため，新規で許可を取得する際だけでなく，更新等の申請の際にも適切な社会保険に加入しているか否かが確認されます。申請の際は様式第七号の三（第三条，第七条の二関係）「健康保険等の加入状況」を作成し提出します。

健康保険等とは，健康保険（医療保険）・厚生年金保険（年金保険）・雇用保険の３つです。適切な保険はCHAPTER２のQ23（83頁）の一覧表（国土交通省「「社会保険の加入に関する下請指導ガイドライン」における「適切な保険」について」）で確認できます。

「健康保険等の加入状況」については，申請時の内容から，以下のいずれかの事実が生じた場合に手続きが発生します。

①加入状況が変更した場合
②従業員数が変更した場合

①の場合は，変更の事実発生後２週間以内に，②の場合は事業年度終了後４カ月以内に「健康保険等の加入状況」を提出する必要があります。

<関連条文等> ● 建設業法施行規則第７条（法第七条第一号の基準）
● 建設業法施行規則第７条の２（変更の届出）

Q8

将来，ご子息に事業を譲りたい（相続させたい）と考えている個人事業のお客様がいます。何かアドバイスできることはありますか？

A ご子息を「支配人」として登記することをアドバイスしましょう。

個人事業主として建設業を営んでいた場合，建設業に関する経営経験（常勤役員等に必要な経験）は，その個人事業主本人の経験となります。そのため，個人事業主のお客様がご子息と一緒に仕事をしていたとしても，そのご子息については，建設業に関する経営経験，つまり経営業務の管理責任者としての経験を積むことはできないのです。

そこで，個人事業主とは別の方にも経営経験を積ませるために行うのが「支配人登記」という方法です。「支配人」とは，個人事業主に代わって，その営業に関する一切の裁判上または裁判外の行為をなす権限を有する使用人のことをいいます。支配人に該当するか否かは，登記の有無を判断基準としているため，支配人登記が必須となります。

支配人登記をすれば，会社の役員と同様に，謄本に就任日が登記され就任期間を把握することができ，また経験および経験期間の証明が簡単にできます。ご相談のケースでは，ご子息を支配人登記しておくことで，ご子息も経営業務の管理責任者としての経験を積むことができるようになります。支配人として5年を経過すれば，経営業務の管理責任者としての経験要件を満たすことになります。

他に，法人なりをして，ご子息を役員にして，改めて建設業許可を取得するという方法も考えられます。いずれか，お客様のご希望に沿うものをご提案いただくとよいでしょう。

支配人登記に関する手続きの詳細については，お近くの法務局または司法書士へご相談ください。行政書士では支配人登記の手続きをすることはできませんので，お客様には司法書士の先生をご紹介しましょう。

　ご相談のケースでは，将来的に，個人事業主のお客様が亡くなり，ご子息が事業を引き継ぐ場合には，相続認可申請を行うことになります。相続認可申請は事後の手続きですが，死亡日から30日以内に申請をしないと建設業許可を相続することはできませんので注意が必要です。なお，法人なりをして建設業許可を取得している場合は，相続認可申請をせずに，事業を引き継ぐことが可能です。

<関連条文等>　　●建設業許可事務ガイドライン【第7条関係】
　　　　　　　　　●建設業法第17条の3（相続）

Q9

「他社と合併したい」とお客様から相談がありましたが，建設業許可で注意すべき点は何ですか？　また，どのような手続きが発生しますか？

A 　合併の時期と合併当事者双方の建設業許可を把握し，建設業許可の空白期間が生じないように注意しましょう。空白期間なく引き継ぐためには，事前認可申請がおすすめです。

　以前は，建設業の事業承継や合併のときに，スムーズに建設業許可を引き継ぐことができず，建設業許可の空白期間が生じてしまうということがありました。それが，令和2年10月1日施行の改正建設業法により，事業承継や合併に伴い建設業許可を引き継ぐことができるようになり，建設業許可の空白期間を生じさせないで引き継ぐことができるようになりました。ただし，事業承継や合併の際に事前の認可を受けていることが必要です。

　事前の認可を受けるための手順は以下のとおりです。A社とB社が合併し，A社が存続会社となりB社の事業を引き継ぐケースです。

【手順】　①A社が許可行政庁に対し，事前に合併の認可を申請
　　　　　②許可行政庁において，申請の内容について審査
　　　　　③許可行政庁からA社に対し，認可（または不認可）について通知
　　　　　　※もともとの許可に付されていた条件の変更や新たな条件の付与が可能
　　　　　④合併の日に建設業の許可についても承継

　許可を空白期間なく引き継ぐ場合，手順③までを合併の日までに完了していることが必要です。審査に要する期間は1～2カ月程度とされていますが，許可行政庁により期間は異なりますので，事前に許可行政庁へ確認することをおすすめします。

次に，事業の承継規定の対象について確認をしておきます。事業承継におけるあらゆるケースで建設業許可の承継ができるわけではなく，対象外となるケースがあるため，注意が必要です。承継できるケースとできないケースは次のとおりです。

●承継規定の対象外とするケース

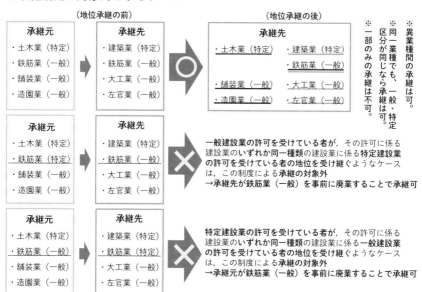

【出典：国土交通省「建設業者の地位の承継について（建設業法第17条の2・3）」（https://www.mlit.go.jp/common/001365753.pdf）】

　ポイントをまとめると，以下のとおりです。

①異業種間の承継は可能
②同一業種でも，一般・特定の許可区分が同じなら承継は可能
③承継元となる建設業者の許可の一部のみを承継することは不可能

　加えてもう1点，事前認可申請をする際には注意すべき事項があります。例のように，A社およびB社いずれもが建設業許可を保有している場合は問題になりませんが，C社は建設業許可を保有しD社は建設業許可を保有していない場合には，C社とD社の主たる営業所が同一の都道府県内にあることが条件と

なります。

C社とD社が合併し，D社が建設業許可を引き継ぐ場合

   C社　愛知県知事許可（主たる営業所：愛知県内）

   D社　東京都知事許可（主たる営業所：東京都内）

   ⇒事前認可が可能

   C社　愛知県知事許可（主たる営業所：愛知県内）

   D社　建設業許可なし（主たる営業所予定地は東京都内）

   ⇒事前認可は不可

    <関連条文等>　● 建設業法第17条の2（譲渡及び譲受け並びに合併及び
                  分割）

Q10

経審（けいしん）とは何ですか？

A 経営事項審査を略して経審（けいしん）といいます。経審は，公共工事を発注者から直接請け負おうとする建設業者が必ず受けなければならない審査のことです。

　経審は，国，地方公共団体などが公共工事を発注するに際し，建設工事の規模・技術的水準等に見合う能力がある建設業者を選定するための，経営に関する客観的事項についての審査です。この審査は，建設業法の規定により，建設業許可に係る許可行政庁が審査を実施しています。

　公共事業の各発注機関は，競争入札に参加しようとする建設業者についての資格審査を行うこととされています。この資格審査にあたっては，欠格要件に該当しないかを審査した上で，「客観的事項」と「発注者別評価」の審査結果を点数化して，格付けが行われています。この客観的事項の審査が「経審」です。

●建設業者と経営事項審査の関係

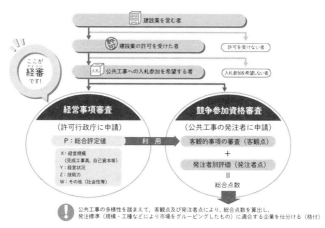

【出典：国土交通省関東地方整備局「経営事項審査について」
(https://www.ktr.mlit.go.jp/kensan/kensan00000013.html)】

経審は「経営状況分析」と「経営規模等評価」の２つの審査から構成されています。これら２つの審査の結果を合わせて点数化したものが経審の結果となります。この経審の結果の点数を「総合評定値（Ｐ）」といいます。総合評定値（Ｐ）は，次の計算式で算出され，建設業の許可業種ごとに点数化されることとなっています。

【算出式】
総合評定値（Ｐ）
　　＝0.25完成工事高（X1）＋0.15経営規模（X2）＋0.20経営状況（Y）
　　＋0.25技術力（Z）＋0.15社会性等（W）

　算出式を見ると，完成工事高（X1）と技術力（Z）が総合評定値（Ｐ）に対する割合が25％と高いことがわかります。総合評定値（Ｐ）の点数を上げたい場合には，この割合を考えて対策することがポイントとなります。

　　　　　　　＜関連条文等＞　　●建設業法第27条の23（経営事項審査）
　　　　　　　　　　　　　　　●建設業法第27条の29（総合評定値の通知）

Q11

経営状況分析とは何ですか？

A 経営状況分析とは，経審の一部で，会計的な立場から建設業者の経営状況を点数化するための審査です。

経営状況分析には，次の8つの指標があります。

●経営状況分析の指標

負債抵抗力	①純支払利息比率（X1）
	②負債回転期間（X2）
収益性・効率性	③総資本売上総利益率（X3）
	④売上高経常利益率（X4）
財務健全性	⑤自己資本対固定資産比率（X5）
	⑥自己資本比率（X6）
絶対的力量	⑦営業キャッシュフロー（X7）
	⑧利益剰余金（X8）

これらの指標をもとに，経営状況評点（Y）が算出されます。

経審の審査は，建設業許可に係る許可行政庁が実施していますが，経営状況分析については，国土交通省の登録を受けた経営状況分析機関が担っているため，経営状況評点（Y）を得るためには，分析機関への申請が必要です。
　現在，登録を受けている分析機関は次頁の表です。

●登録経営状況分析機関一覧

登録番号	機関の名称	事務所の所在地	電話番号
1	（一財）建設業情報管理センター	東京都中央区築地2－11－24	03-5565-6194
2	（株）マネージメント・データ・リサーチ	熊本県熊本市中央区京町2－2－37	096-278-8330
4	ワイズ公共データシステム（株）	長野県長野市田町2120－1	026-232-1145
5	（株）九州経営情報分析センター	長崎県長崎市今博多町22	095-811-1477
7	（株）北海道経営情報センター	北海道札幌市白石区東札幌一条4－8－1	011-820-6111
8	（株）ネットコア	栃木県宇都宮市鶴田2－5－24	028-649-0111
9	（株）経営状況分析センター	東京都大田区大森西3－31－8	03-5753-1588
10	経営状況分析センター西日本（株）	山口県宇部市北琴芝1－6－10	0836-38-3781
11	（株）NKB	福岡県北九州市小倉北区重住3－2－12	093-982-3800
22	（株）建設業経営情報分析センター	東京都立川市柴崎町2－17－6	042-505-7533

【出典：国土交通省「登録経営状況分析機関一覧」(https://www.mlit.go.jp/totiken sangyo/const/1_6_bt_000091.html)】

＜関連条文等＞　● 建設業法第27条の24（経営状況分析）

● 建設業法第27条の25（経営状況分析の結果の通知）

Q12

経営規模等評価とは何ですか？

A 経営規模等評価申請とは，経審の一部で，建設業者の経営規模（X），技術的能力（Z），その他の客観的事項（W）を点数化するための審査です。

経営規模等は，経営状況（Y）以外の客観的事項をいいます。具体的には，経営規模（X），技術的能力（Z）および社会性等のその他客観的事項（W）です。

それぞれ審査項目が設けられており，それぞれを数値化して点数を算出します。

●経営規模等評価の審査項目

経営規模（X1）	完成工事高（業種別）
経営規模（X2）	自己資本額 利払前税引前償却前利益の額
技術力（Z）	技術職員数（業種別） 元請完成工事高（業種別）
その他の審査項目 （社会性等）（W）	①建設業の担い手の育成および確保に関する取組みの状況 ②建設業の営業継続の状況 ③防災活動への貢献の状況 ④法令遵守の状況 ⑤建設業の経理の状況 ⑥研究開発の状況 ⑦建設機械の保有状況 ⑧国際標準化機構または国が定めた規格による登録または認証の状況

経営規模等評価の審査は建設業許可の許可行政庁が行いますので，経営規模等評価申請は，国土交通大臣許可業者は主たる営業所のある都道府県を所管する国土交通省北海道開発局または各地方整備局へ，都道府県知事許可業者は主たる営業所の所在地を所管する都道府県へ申請をします。

　　　＜関連条文等＞　　● 建設業法第27条の26（経営規模等評価）
　　　　　　　　　　　　● 建設業法第27条の27（経営規模等評価の結果の通知）

Q13

お客様が経営事項審査を受審しているかどうかを調べる
方法はありますか？

A 一般財団法人建設業情報管理センター（以下，「CIIC」という）の
ホームページ（http://www7.ciic.or.jp/）で調べることが可能です。

　経営事項審査結果は，CIICのホームページで公表されており，誰でも結果
を確認することができます。会社名と許可行政庁がわかれば，検索が簡単にで
きます。公表されている結果は，現在有効なものでかつ最新のものであるため，
結果が公表されている会社は経営事項審査を受審している会社ということにな
ります。

　ちなみに，CIICは登録経営状況分析機関の1つです。

●CIICのホームページ

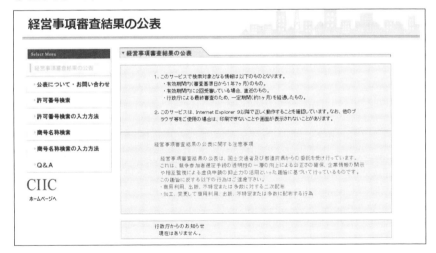

公表されている内容は，経営事項審査の結果通知書の内容で，申請書類の内容までは公表されていません。しかしながら，結果通知書の内容からは，総合評定値（P）だけでなく，完成工事高や技術職員数，社会保険等の加入，法令遵守の状況など，その会社の重要な情報を得ることができます。建設業者の立場としては下請業者の選定に，行政書士の立場としては建設業者への営業ツールとして活用することができます。

＜関連条文等＞　なし

Q14

CCUS（建設キャリアアップシステム）とは何ですか？

A CCUS（建設キャリアアップシステム）とは，技能者ひとり一人の就業実績や資格を登録し，技能の公正な評価，工事の品質向上，現場作業の効率化などにつなげるシステムのことです。

CCUSは，一般財団法人建設業振興基金が運営主体となり開始されたシステムです。CCUSは次のような目的のために構築されました。

①技能者の就業履歴を蓄積し，保有資格などと合わせて能力を評価し，処遇の改善を図る
②技能者のキャリアパスを明確にして若い世代の入職者を増やす
③優秀な技能者を抱える専門工事業者の施工能力を見える化して競争力を高め，業界の健全化を図る

また，CCUSの仕組みは次のとおりです。

CCUSの活用は，事業者および技能者の双方にとってメリットがあります。

● 事業者が技能者の就業状況を簡単に把握できる
● 現場入場管理が効率よく行える
● 技能者は自分の資格や経験を証明しやすくなる

一方，事業者にとっては，次のようなデメリットもありますので，行政書士としてお客様にはよく説明をする必要があります。

● 登録料，利用料等の費用がかかる
● 専用の端末の設置が必要
● 建設業者および技能者の登録や管理の事務作業が増える

●CCUSの仕組み

建設キャリアアップシステム（CCUS）の仕組み

システムへの登録

登録すると、CCUSカードが交付されます。

現場での読み取り

現場に設置されたカードリーダーなどでCCUSカードを読み取ります。

就業履歴の登録

CCUSに就業履歴が登録されます。

施工業者の施工能力を見える化

所属する職人のレベルや人数等に応じて、施工業者の施工能力を★～★★★★により評価。結果は評価団体・国交省のＨＰで公表。

職人のレベルを判定

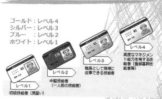

レベルに応じた色のCCUSカードが職人に交付されます。

【出典：一般財団法人建設業振興基金チラシ（建設事業者様向け）
(https://www.ccus.jp/files/pam/4%E3%83%81%E3%83%A9%E3%82%B7%EF%BC%88%E5%BB%BA%E8%A8%AD%E4%BA%8B%E6%A5%AD%E8%80%85%E6%A7%98%E5%90%91%E3%81%91%EF%BC%89.pdf)】

　CCUSの利用方法等の詳細は，一般財団法人建設業振興基金のホームページ「建設キャリアアップシステム」(https://www.ccus.jp/) をご覧ください。
　公共工事においても民間工事においてもCCUSの完全実施に向けた動きが進められています。行政書士の立場として，お客様には，CCUSの導入を推進していくのがよいでしょう。

●「あらゆる工事でのCCUS完全実施」に向けた道筋

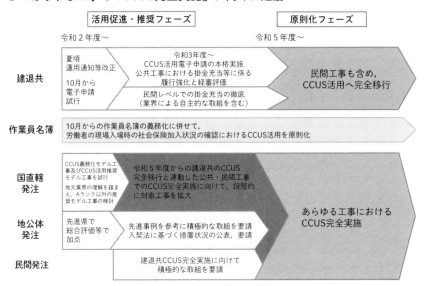

【出典：国土交通省「建設キャリアアップシステム普及・活用に向けた官民施策パッケージ」(https://www.kkr.mlit.go.jp/kensei/kensetsu/ol9a8v0000019z4w-att/ccus-sesaku.pdf)】

<関連条文等> なし

Q15

CPDとは何ですか？

A CPDとはContinuing Professional Developmentの略称で，施工管理技士など資格保有の技術者に対し，資格取得後も能力を向上させるため，継続的に行う教育のことをいいます。

われわれ行政書士も同じですが，建設業界においても技術者が技術者としての義務を果たし，責任を全うしていくためには，常に最新の知識や技術を修得し，自己の能力の維持・向上を図ることが不可欠です。そして，技術者の知識および技術の向上を図ることを目的とした継続的な教育プログラムや講習会などを提供する制度がCPDです。

施工管理技士など資格によっては更新制度がないため，資格取得をしたらそれで終わりと自己研鑽を怠る技術者が存在することも事実です。技術者が自己研鑽のために，建設関係の資格認定団体が認定した講習会などに参加すると「CPD単位」が受講者に与えられ，自己研鑽について客観的な評価をしやすくなるため，CPDは，継続的に自己研鑽を行っている技術者とそうでない技術者が明確に区別されてしまう制度ともいうことができます。

CPDは建設関係の資格認定団体が実施しています。認定団体は27団体あります。

●CPD認定団体一覧

1	公益社団法人空気調和・衛生工学会	2	一般財団法人建設業振興基金
3	一般社団法人建設コンサルタンツ協会	4	一般社団法人交通工学研究会
5	公益社団法人地盤工学会	6	公益社団法人森林・自然環境技術教育研究センター
7	公益社団法人全国上下水道コンサルタント協会	8	一般社団法人全国測量設計業協会連合会
9	一般社団法人全国土木施工管理技士会連合会	10	一般社団法人全日本建設技術協会
11	土質・地質技術者生涯学習協議会	12	公益社団法人土木学会
13	一般社団法人日本環境アセスメント協会	14	公益社団法人日本技術士会
15	公益社団法人日本建築士会連合会	16	公益社団法人日本造園学会
17	公益社団法人日本都市計画学会	18	公益社団法人農業農村工学会
19	一般社団法人日本建築士事務所協会連合会	20	公益社団法人日本建築家協会
21	一般社団法人日本建設業連合会	22	一般社団法人日本建築学会
23	一般社団法人建築設備技術者協会	24	一般社団法人電気設備学会
25	一般社団法人日本設備設計事務所協会連合会	26	公益財団法人建築技術教育普及センター
27	一般社団法人日本建築構造技術者協会		

(「国土交通省告示第246号 別表第18」を加工)

　CPD取得単位数は，経審において評価対象となりますし，また，国土交通省をはじめ，多くの自治体が受注者選定の要素として採用しています。公共工事の受注を目指す建設業者様にとっては，必須の制度といえると思います。

<関連条文等>　なし

経営業務の管理責任者がいなくなった!?

　先代社長の頃に建設業許可を取得したＤ社。先代社長が突然亡くなり，事業を引き継ぐことになったのは息子である二代目の丁社長。取締役は丁社長を含め３名でしたが，丁社長以外の取締役のお２人は，先代社長と同世代の長年お仕事をされてきた方でした。

　１年ほど経ったある日，丁社長からご連絡をいただきました。
「取締役が交代したので，建設業許可の変更手続きをしてほしい」

　詳しく聞いてみると，先代社長と同世代のお２人が辞任され，丁社長と同世代の方が新たにお２人就任されたとのことでしたが，ここで問題が発覚。実は，辞任されたうちお１人は，経営業務の管理責任者となっている方でした。

　別の方を経営業務の管理責任者にしようと思いましたが，丁社長と新たに就任されたお２人の取締役の方は，経営業務の管理責任者としての経験がなく，Ｄ社は建設業許可の要件を欠く状況となってしまいました。

　丁社長曰く，「司法書士の先生に役員変更を相談したところ，大丈夫といわれたので問題ないと思ってしまった」とのこと。丁社長は，建設業許可の要件のことをご存知でなく，役員変更登記の依頼をしてしまったとのことでした。

　これをお聞きして，事業承継のタイミングで丁社長に対して「役

員の変更などの建設業許可の申請内容に変更が生じる場合，建設業許可に影響が出る可能性があるため，当社にも確認をしてほしい」ということを伝えていなかったことをとても反省しました。

　幸いにもD社は税込500万円以上の工事実績がなかったため，建設業許可を廃業しても問題ないと判断。廃業届を提出したうえで，再度建設業許可を取得することで事なきを得ました。

　お客様の会社で，社長が交代したり，建設業許可の担当者の方が交代した場合，建設業許可の要件などの基礎的な部分についてていねいにお伝えしていただくと，このような事例が発生することは防げると思いますので，ぜひ意識をしてみてください。

Q1

案件管理の方法を教えてください。

A 建設業許可の案件は提出期限のある仕事が多いです。複数の案件を抱えると，期限管理が疎かになってしまうことがあります。期限切れとならないように，案件管理表などのツールを作成するとよいでしょう。

行政書士法人名南経営では，自社独自の案件管理ツールを使用しています。独自といっても構成自体は単純で，受託している許認可業務の案件の「顧客名」「案件名」「受託金額」「期限」「提出完了」等の情報を一元的に管理しているツールです。担当者1人あたりで，許認可手続きの数にして常時50〜100件程度の案件を抱えているため，担当者および管理者が，案件の未着手や，処理の遅延に気付くことができるよう一元管理をしています。同じような情報を管理できるのであればExcelでも十分です。

案件管理表への入力が漏れてしまうと，受託した案件を忘れてしまう可能性があるため，案件登録を忘れることがないよう，業務フローに組み込むことが重要です。

●行政書士法人名南経営の案件管理ツール

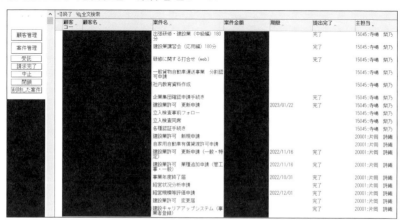

また，行政書士は，行政書士法の規定により，事件簿を備え付け，保存しなければならないとされています。案件管理表等を作成する際は，事件簿の備付・保存のことも考えて作成するとよいでしょう。案件管理表等に事件簿の記載事項を網羅しておくと，別で事件簿を作成する手間を省くことができます。行政書士法人名南経営のツールも，事件簿として出力ができるようになっています。

行政書士法（帳簿の備付及び保存）

第九条　行政書士は，その業務に関する帳簿を備え，これに事件の名称，年月日，受けた報酬の額，依頼者の住所氏名その他都道府県知事の定める事項を記載しなければならない。

2　行政書士は，前項の帳簿をその関係書類とともに，帳簿閉鎖の時から二年間保存しなければならない。行政書士でなくなつたときも，また同様とする。

行政書士法施行細則（業務に関する帳簿）

第七条　行政書士は，その業務に関する帳簿に，法第九条第一項に定める事件の名称，年月日，受けた報酬の額，依頼者の住所氏名のほか，受託番号を記載しなければならない。

2　前項の帳簿は，別記様式第三に準じて調製するものとする。

<関連条文等>　●行政書士法第9条（帳簿の備付及び保存）
　　　　　　　●行政書士法施行細則第7条（業務に関する帳簿）

Q2

報酬額はどのように決めたらよいですか？

A 決め方はさまざまで，原価から考えたり，利益率から考えたり，競合や市場と比較して決めることができますが，一番大事なことは，お客様にどのような価値を提供できるかを考えて報酬額を決めることだと考えています。

京セラ創業者の稲盛和夫氏が「値決めは経営である」といっていましたが，報酬額次第で，売上や利益だけでなく，サービスの内容や質まで変わってしまうため，報酬額を決めるということはとても難しいことです。意識していただきたいのは，報酬額がいくらであったとしても，お客様に買っていただかなければ（選んでいただかなければ）意味がないということです。

建設業許可や経営事項審査の手続きは，基本的にはどの行政書士が提供しても同じ結果となります。あっちの行政書士に依頼すると許可が取れて，こっちの行政書士に依頼すると許可が取れない，ということはなかなか起こりません。そのため，お客様の立場に立って考えれば，「誰に頼んでも同じ結果であれば安い方がよい」という答えに至ることになるはずです。他の行政書士事務所と比較してお客様に提供している価値が同じであれば，お客様に選んでいただくためには，報酬額を低く設定する必要があります。低価格路線でいくことももちろんOKです。低価格路線の場合には，売上や利益を上げるためシェアが必要となります。

一方，低価格路線ではなく，高価格路線とまではいわないとしても「この金額で提供したい」と自分自身で決めた報酬額でサービスを提供するためには，他の行政書士事務所と比較して，仮に報酬額が高いとしても，お客様に選んでいただけるようにしなければなりません。そのためには，お客様に提供できる価値について考える必要があります。建設業許可や経営事項審査の手続きの結

果は同じであったとしても，お客様に提供できる価値は行政書士によって異なるはずです。

　例えばですが，（現実的かどうかはさておいて）思いついたものを挙げてみます。

- 最短3日で申請
- 夜間，土日祝日対応
- 建設業の経営についてアドバイス可能
- 取引先・下請業者を紹介可能

　いかがでしょうか。早く許可がほしいお客様は，報酬が多少高くても「最短3日で申請」してくれる行政書士に依頼したいでしょうし，土日祝日しか時間がとれないお客様は，報酬が多少高くても「夜間，土日祝日対応」してくれる行政書士に依頼したいでしょう。誰しも自分の得意なことや，経験してきたことを活かしてできることがあると思いますので，考えていただければ他にもいろいろとあると思います。ぜひご自身がお客様に提供できる価値を考えてみてください。

　さて，肝心の報酬額の決め方ですが，低価格路線を選択するのであれば，基本的に競合や市場と比較して低めの報酬額を設定することになると思います。インターネットで競合を検索して他の行政書士事務所の報酬額を参考にしたり，また，日本行政書士会連合会が行っている報酬額統計調査の結果（https://www.gyosei.or.jp/about/disclosure/reward.html）も参考にすることができます。

　次に，自分がお客様に提供できる価値がわかっている場合は，競合や市場と比較する必要がありませんので，原価や利益から考えて報酬額を決めることができます。これらは，原価率や利益率をもとに報酬額を決める方法で，計算が単純で報酬額設定がしやすい方法です。原価から決める場合は報酬額の何割を原価にするか（原価率），利益から考える場合はどのくらいの利益がほしいか（利益率）を考えて決めることになります。行政書士事務所の原価としては，

人件費や事務所賃料，広告宣伝費などの経費で考えていただければよいでしょう。

　行政書士法人名南経営では，１時間あたりの稼働での最低報酬額を設定しています。これはもともと原価率や利益率をもとに算出した最低報酬額で，案件のお見積りを出す際には，１時間あたりの報酬額がこの金額を割らないように考えています。

＜関連条文等＞　なし

Q3

建設業許可の手続き以外に，お客様に提供できるサービスはありますか？

A 建設業のお客様に対して，建設業に関連する産業廃棄物収集運搬業許可等の許認可のサービスを提供することができます。また，建設業許可や経営事項審査の手続きに熟達することで，コンサルティングサービスも提供することができるようになります。

建設業許可の他に，建設業に関連する許認可として，主に次のようなものがあります。

①産業廃棄物（特別管理産業廃棄物）収集運搬業許可
②宅地建物取引業免許
③建築士事務所登録
④登録電気工事業者登録，みなし登録電気工事業者届出等
⑤解体工事業登録

それぞれの許認可についての説明は割愛しますが，いずれも建設業者にとって関係の深い許認可です。お客様の業務内容によって，どの許認可が必要になるか変わりますので，行政書士として，お客様からご依頼いただいた建設業許可の手続き案件を処理するだけでなく，お客様との関係を深め，業務内容をよく理解することで，上記のような許認可のサービスの提案をするチャンスが生まれます。

また，許認可手続きだけでなく，建設業許可や経営事項審査の手続きに熟達して，その知見を活かし，お客様にコンサルティングサービスを提供している行政書士もいます。例えば，建設業許可取得コンサルティングや，経営事項審査評点アップコンサルティング，公共工事入札コンサルティングなどです。これらのサービスは，知識や経験が求められるサービスであるため，同業者が真

似しづらく，報酬も価格競争になりづらいという特徴があります。

　『行政書士実務セミナー〈専門分野選択編〉』でも触れていますが，行政書士
法人名南経営では「建設業法令遵守サービス」を取り扱っています。
　建設業法令遵守サービスのメニューには次のようなものがあります。

- 建設業法コンプライアンス研修
- 顧問契約
- 建設業立入検査サポート
- 模擬立入検査
- 建設業法令遵守コンサルティング　等

● 行政書士法人名南経営の「建設業法令情報提供サイト」のサービスページ

　建設業法令遵守サービスは，行政書士法人名南経営でも，最初から提供して
いたサービスではなく，お客様からのご要望を実現しているうちに少しずつ知
識をつけ，経験を積んで生まれたサービスです。そのため，行政書士として同
様のサービスを提供している方は少ないと感じており，当社の強みとなってい
ます。

<関連条文等>　なし

Q4

建設業許可を専門とする場合，読んでおいた方がよい資料などはありますか？

A まずは，国土交通省地方整備局や都道府県の建設業許可の手引きを読むとよいでしょう。他に，建設業法，建設業法施行令，建設業法施行規則などの法令や，国土交通省の「建設業許可事務ガイドライン」などの資料を読むこともおすすめです。

建設業許可に関連する書籍はいろいろとありますが，書籍を買わずとも建設業許可に関する知識を得ることは可能です。とっかかりとしては，国土交通省地方整備局や都道府県の建設業許可の手引きを読むことがおすすめです。建設業許可の手引きは，建設業者が自分で申請することを前提に書かれているため，わかりやすく解説されています。

● 国土交通省関東地方整備局「建設業許可申請・変更の手引き」（https://www.ktr.mlit.go.jp/ktr_content/content/000827696.pdf）
● 東京都「建設業許可申請変更の手引」（https://www.toshiseibi.metro.tokyo.lg.jp/kenchiku/kensetsu/pdf/2107/R04_kensetsu_tebiki_all.pdf?2212=）

参考として，国土交通省関東地方整備局と東京都の手引きのリンクを掲載しましたが，まずはご自身の事務所の所在地を管轄する地方整備局や都道府県の手引きを読むことが大事です。大阪の行政書士事務所であれば，近畿地方整備局と大阪府の手引き，名古屋の行政書士事務所であれば，中部地方整備局と愛知県の手引きといった具合です。

次に，建設業許可制度のことをざっくり理解することができたら，建設業法，建設業法施行令，建設業法施行規則などの建設業法令を読んで，建設業許可制度に関する知識を深めることが大事です。また，建設業法令を読むことで，建設業者が遵守しなければならないルールなどを知ることもできます。最初から

建設業法令を読むのも1つの方法だとは思いますが，理解することが難しいので，手引きを読んで，ある程度の知識を入れてから読むことをおすすめします。

　その他，行政書士法人名南経営で，業務のなかで活用している資料として，主に次の資料があります。

- ● 国土交通省「建設業許可事務ガイドライン」(https://www.mlit.go.jp/ totikensangyo/const/content/001581332.pdf)
- ● 国土交通省「建設業法令遵守ガイドライン」(https://www.mlit.go.jp/ totikensangyo/const/content/001493756.pdf)
- ● 国土交通省「監理技術者制度運用マニュアル」(https://www.mlit.go.jp/ totikensangyo/const/content/001580032.pdf)
- ● 国土交通省関東地方整備局「建設工事の適正な施工を確保するための建設業法」(https://www.ktr.mlit.go.jp/ktr_content/content/000699485.pdf)
- ● 国土交通省中部地方整備局「建設業法に基づく適正な施工の確保に向けて」(https://www.cbr.mlit.go.jp/kensei/info/qa/pdf/R0501/R0501_000_ tekiseinasekounokakuho.pdf)

　建設業許可制度に関しては「建設業許可事務ガイドライン」を読みましょう。国土交通大臣に係る建設業許可事務の取扱い等についてまとめられたものですが，都道府県においても参考とされているもので，非常に有用な資料です。手引きと合わせて読んでおくとよいでしょう。

　「建設業法令遵守ガイドライン」以下で取り上げた資料は，建設業者が遵守しなければならないルールが記載されている資料です。これらは建設業許可には直接関連しない内容も多いですが，建設業許可制度自体も建設業法で定められた建設業者が遵守しなければならないルールの1つであるため，建設業許可を専門とするのであれば，読んでおくべき資料だと考えています。

<関連条文等>　なし

Q5

建設業許可業務を獲得するための建設業者に対する営業
手法にはどのようなものがありますか?

A 建設業者に対する営業手法としては,飛び込み営業やテレアポ営業,
DM,WEBなどさまざまな事例があります。まずはいろいろと試してみて,
ご自身に合った方法を選んでいただくとよいでしょう。

営業手法は大きく次の2種類に分けることができます。

①アウトバウンド営業:
　行政書士から建設業者へ働きかける営業手法
②インバウンド営業:
　建設業者自らが行政書士に働きかけるよう誘導して行う営業手法

■ アウトバウンド営業

事例としては,「飛び込み営業」「テレアポ営業」「DM」などが挙げられます。
建設業許可業務に関して事例が多いのはDM営業だと思います。建設業許可は
5年ごとに更新が必要なので,建設業許可の更新時期が近づいてきたタイミン
グにDMを送付するという手法です。

DM営業には建設業者のリストが必要になりますが,建設業許可の情報は国
土交通省の「建設業者・宅建業者等企業情報検索システム」(https://
etsuran2.mlit.go.jp/TAKKEN/)で公開されていますし,都道府県でもホーム
ページで公開しているところもあるため,リスト化が非常に簡単です。例えば,
愛知県では,愛知県知事許可を受けている「建設業許可業者名簿」(https://
www.pref.aichi.jp/soshiki/toshi-somu/0000047962.html)を公開しています。

DM営業はあまり費用をかけずに始められるのがよい点ですが，多くの行政書士事務所が活用している手法であるため，価格競争になりがちな印象です。報酬について低価格路線でいくか，DM上でお客様に明確なベネフィット（どんな価値を提供して，お客様がどうなるのか）を伝えられなければ効果は得られにくいでしょう。どんなDMを作ればよいか，ご自身のお客様のところに届いた他の行政書士事務所のDMをもらって研究してみるのもおすすめです。

　「飛び込み営業」や「テレアポ営業」は，当社でも実践したことがありますが，労力に対して得られる効果が極端に少ないという実感です。どちらもメンタルが鍛えられるという意味ではおすすめの営業手法です。

■　インバウンド営業

　事例としては，「WEB」「セミナー」「SNS」などが挙げられます。建設業許可業務に関して事例が多いのはWEB営業だと思います。WEB営業は主に次の2種類の方法に分かれます。

①SEO対策（検索エンジン対策）
②リスティング広告（検索連動型広告）

　①SEO対策（検索エンジン対策）とは，GoogleやYahoo!などの検索エンジンで，WEBサイトが上位に表示されるように対策することをいいます。
　SEO対策は，基本的に費用はかかりませんが，対策の効果が出るまでに時間がかかることが特徴です。また，対策をしたからといって確実に効果が出るというわけでもありません。上位に表示させるため，お客様の役に立つページを多く作ったり，WEBサイトの内容が陳腐化しないように定期的に更新するなど労力が必要となる方法です。

　②リスティング広告（検索連動型広告）とは，GoogleやYahoo!などの検索エンジンで，特定のキーワードで検索したときに，検索結果画面の上位などの目立つ場所にWEBサイトが広告として表示される仕組みで，1クリックごとに課金されるインターネット広告のことです。Googleの「Google広告」と

194

Yahoo!の「検索広告」が該当します。

　リスティング広告は，SEOとは逆で，費用はかかりますが，早く確実に上位に表示できることが特徴です。ランディングページ（LP）を作って，リスティング広告を出すことが多いと思います。

●Google広告の表示例

　WEBについては，ご自身の余裕資金や時間などをふまえたうえで，どちらの方法を使うか検討してみてください。もちろんどちらも使うということもありです。

　「セミナー」は，建設業許可業務を獲得する手法として活用されている話をあまり聞きません。セミナーは，テーマ決めや対象の絞り込みが悩ましく，なかなか活用が難しい手法だと思います。行政書士の先生のなかには，元請業者様からご依頼をいただいて，協力業者（下請業者）向けに建設業許可の勉強会を開き，協力業者の建設業許可取得をお手伝いしているという先生もいらっしゃると聞いたことがあります。セミナーはうまく活用できればチャンスのある手法だと思います。

　また，建設業者に対する営業手法からは外れますが，「他士業からの紹介」「同業者からの紹介」などもよく聞く事例です。「他士業からの紹介」は，税理士の先生などとつながりをつくり，行政書士業務が発生したときに案件をご紹介いただくという手法です。また，行政書士業務は広範にわたるので，他の分野を専門としている行政書士の先生とつながりをつくり，建設業許可業務の引

き合いがあればご紹介いただくということも事例としてはよくあります。当然，ご紹介をいただく代わりに，他士業の先生や同業の先生に対して案件をご紹介するということも必要になります。このような紹介をうまく集めている行政書士の先生は，SNSを上手に活用している印象です。

　ここまでご紹介した営業手法はごく一部だと思います。さまざまな手法があると思いますので，いろいろ試してみてご自身に合った営業手法を見つけてみてください

<関連条文等>　なし

5年分まとめると値引き？

　愛知県内のお客様を訪問したとき，「他の行政書士から更新手続きのDMがたくさん届いているよ。料金が安いから切り替えようかな（笑）」と冗談まじりでお話しがありました。そのお客様の手元を見ると5，6通のDMが置いてありました。

　届いたDMの内容を見せていただくと，確かに簡単には太刀打ちできないくらい行政書士報酬が安いのです。「簡単に安売りはしないほうがよい」と聞くこともあると思いますが，低価格も立派な戦略。DMを発送している行政書士の先生方は，経営努力によって，低価格を実現しているのでしょうから，文句のつけようはありません。

　しかしながら，そのうちの1通に，とても気になる表現のDMがありました。
　「事業年度終了届を5年分まとめていただくとお値引きします」
　DMに書かれていた正確な言葉は忘れてしまいましたが，1年ごとに事業年度終了届（決算変更届）をご依頼いただくよりも，5年分をまとめてご依頼いただいた方が，報酬が半額くらいになるという内容が大きく書かれていました。

　事業年度終了届は，建設業法において，毎事業年度経過後4カ月以内に提出しなければならないと定められています。つまり1年ごとに提出しなければならないということです。

お客様の立場からすれば，「5年分まとめた方が安くなるなら，そのようにして依頼しよう。専門家の行政書士がいっているから法的にも問題ないのだろう」と考えるでしょう。そのDMは，行政書士の先生が，建設業法に違反するような行為を助長する内容となってしまっていたのです。

　行政書士は行政書士倫理のなかで，違法行為の助長等の禁止が定められています。営業手法や報酬金額に関しては自由でよいと思いますが，その内容に関しては気をつけなければならないと深く考えさせられた事例です。皆さまも十分お気をつけください。

〈著者紹介〉

大野裕次郎（おおのゆうじろう）

愛知県出身。

2007年三重大学人文学部卒業後，株式会社名南経営（現：名南コンサルティングネットワーク）入社，名南行政書士事務所を兼務。2009年1月行政書士試験合格，同年10月登録。2015年行政書士法人名南経営を設立し，社員（役員）就任。

建設業に参入する上場企業の建設業許可取得や大企業のグループ内の建設業許可維持のための顧問などの支援をしている。建設業者のコンプライアンス指導・支援業務を得意としており，建設業者の社内研修や建設業法令遵守のコンサルティングも行っている。2020年6月『建設業法のツボとコツがゼッタイにわかる本』（秀和システム），2022年7月『行政書士実施セミナー〈専門分野選択編〉』（中央経済社）を出版。

寺嶋紫乃（てらじましの）

岐阜県出身。

2014年1月行政書士試験に合格し，同年7月に行政書士登録。名古屋市の繁華街錦三丁目に紫（ゆかり）行政書士事務所を独立開業。飲食店営業許可や風俗営業許可など許認可業務を中心にさまざまな手続きを経験。

2016年1月ヘッドハンティングされ，行政書士法人名南経営に入社。建設業者向けの研修や行政の立入検査への対応，建設業者のM&Aに伴う建設業法・建設業許可デューデリジェンスなど，建設業者のコンプライアンス指導・支援業務を得意としている。2020年6月『建設業法のツボとコツがゼッタイにわかる本』（秀和システム），2022年7月『行政書士実施セミナー〈専門分野選択編〉』（中央経済社）を出版。

片岡詩織（かたおかしおり）

愛知県出身。

2020年三重大学人文学部卒業後，行政書士法人名南経営に入社。2022年1月行政書士試験合格，同年5月登録。

建設業許可をはじめとする各種許認可手続きを担当し，担当件数は年間200件を超える。建設業者向けの研修や建設業者のM&Aに伴う建設業法・建設業許可のデューデリジェンスなど，建設業者のコンプライアンス指導・支援業務にも携わっている。

行政書士実務セミナー〈建設業許可編〉

2023年9月25日　第1版第1刷発行

著　者　　大　野　裕　次　郎
　　　　　寺　嶋　紫　乃
　　　　　片　岡　詩　織
発行者　　山　本　　　　継
発行所　　㈱中　央　経　済　社
発売元　　㈱中央経済グループ
　　　　　パ ブ リ ッ シ ン グ

〒101-0051　東京都千代田区神田神保町1-35
電話　03 (3293) 3371(編集代表)
　　　03 (3293) 3381(営業代表)
https://www.chuokeizai.co.jp
印刷／昭和情報プロセス㈱
製本／㈲井上製本所

© 2023
Printed in Japan